MEU QUERIDO
VLADO

OBJETIVA

A HISTÓRIA DE
VLADIMIR HERZOG
E DO SONHO DE
UMA GERAÇÃO

MEU QUERIDO VLADO

PAULO MARKUN

Copyright © 2005 by Revanche Produções Ltda.
Copyright © 2015 by Dead Line Comunicação e Editora Eireli

Grafia atualizada segundo o Acordo Ortográfico da Língua Portuguesa de 1990, que entrou em vigor no Brasil em 2009.

Capa
Claudia Espínola de Carvalho

Pesquisa de conteúdo
Max Eluard

Revisão
Tamara Sender
Tereza da Rocha

CIP-Brasil. Catalogação na fonte
Sindicato Nacional dos Editores de Livros, RJ

M297m
    Markun, Paulo
        Meu querido Vlado: A história de Vladimir Herzog e do sonho de uma geração/ Paulo Markun. – 2. ed. – Rio de Janeiro: Objetiva, 2015.
        230p.

    ISBN 978-85-390-0711-0

        1. Herzog, Vladimir, 1937-1975. 2. Prisioneiros políticos – Brasil – Biografia. 3. Jornalistas – Brasil – Biografia. 4. Tortura – Brasil I. Título.

15-25092   CDD: 920.9364131
                                      CDU: 94(81)

[2015]
Todos os direitos desta edição reservados à
EDITORA OBJETIVA LTDA.
Rua Cosme Velho, 103
22241-090 — Rio de Janeiro — RJ
Telefone: (21) 2199-7824
Fax: (21) 2199-7825
www.objetiva.com.br

O mergulho nas trevas do lamento e da impotência foi tão profundo que alguns se perderam pelos subterrâneos, ficaram na margem ou escolheram as viagens permanentes. Mas muitos cansaram de se lamentar, talvez com medo de se tornarem tristes heróis de uma "guerra acabada". Estão voltando a querer, isto é, estão recuperando a vontade para voltar a fazer — apesar de tudo.

Vladimir Herzog
(1937-1975)

Sumário

Prólogo 9
1 O primeiro encontro 21
2 Um jovem Herzog no Brasil 29
3 Sartre, cinema, Clarice 37
4 A hora da notícia 47
5 Bando de heróis 55
6 Operação Radar 65
7 Rotas de opinião 83
8 TV Vietcultura 91
9 A caçada 111
10 Temor e resistência 139
11 Um táxi para o DOI-Codi 151

12 Nazistas vermelhos	169
13 Segredos eternos	183
Agradecimentos	201
Notas	203
Referências bibliográficas	229

Prólogo

Caro Vlado,

Por motivos alheios à nossa vontade, não nos falamos desde 17 de outubro de 1975, aquela sexta-feira em que deixei a redação da Cultura[1] mais cedo, para comprar um presente. Assim, sem que me desse conta, já lá se vão quarenta anos!

Você certamente não ficou sabendo, mas no sábado, 25, em que você teve de se apresentar no DOI-Codi,[2] eu dividia a última cela de um corredor naquele inferno com quase uma dúzia de companheiros. Vestíamos macacões verdes do Exército, sem cinto — e, no meu caso, sem botões também. Não sei direito em que momento um carcereiro chegou diante da grade e chamou meu nome.

O fulano abriu a porta, colocou um capuz preto sobre a minha cabeça e começou a me guiar como a um cego. Imaginei uma acareação, mais um interrogatório, nova sessão de tortura — quem sabe, uma excursão pelas ruas da cidade em busca de outro companheiro. Já passara por tudo isso e muito mais — até mesmo a insólita saída para batizar Ana, a minha filha com a Dilea[3] (virou atriz e tem duas filhas adolescentes), acompanhado por uma equipe com as armas enfiadas em duas sacolas de lona preta. Quando o sujeito tirou meu capuz, estávamos diante de uma carteira de fórmica, dessas de escola, com uma espécie de prancheta do lado direito. Ele ordenou:

— Escreva tudo o que você sabe sobre Vladimir Herzog.[4] Militância, família, tratamento médico, tudo...

Durante quase trinta anos, tentei reconstruir aquelas linhas mal escritas, com escassas e dolorosas informações, que deveriam ter sumido com outros papéis redigidos nas mesmas condições. Em 2005, no Arquivo do Estado,[5] dentro de uma pasta de papelão comum com meu nome escrito na borda com normógrafo, encontrei a folha de almaço já amarelada, preenchida com minha caligrafia irregular, onde pude reler o que se segue:

> Conheci Wladimir Herzog quando ele trabalhava na revista *Visão*,[6] há um ano e meio — lá escrevi algumas matérias. Mas só vim a saber que ele era militante há uns cinco ou seis meses. Fui apresentado num almoço, se não me engano, por Rodolfo Konder.[7]
>
> Depois disso, participei de duas reuniões em sua casa, com outros membros da base dos jornalistas, se não me engano: Rodolfo Konder, Luiz Weis,[8] George Duque Estrada,[9] Marco Antônio Rocha.[10]
>
> Esse foi meu relacionamento em termos partidários. Não sei quem o aliciou, nem quando, nem qual sua militância anterior.
>
> De sua vida particular, não conheço muito. Tive um pouco mais de contato com ele nos últimos meses. Primeiro, como colaborador do jornal *Opinião*,[11] depois, quando che-

fiou a sucursal por um mês. Posteriormente, na TV Cultura, onde trabalhei durante um mês também.

Herzog tem muita experiência jornalística — trabalhou muito tempo na BBC[12] de Londres —, dois filhos, casado, mora na rua Oscar Freire.

Depois que ele saiu da revista *Visão*, em setembro, se não me engano, passou a preparar o roteiro de um filme — *Doramundo*.[13] Nessa época, esteve por quatro dias numa casa minha, no Guarujá, a fim de ter mais tranquilidade para escrever o roteiro. No fim dessa semana, estive lá com a mulher dele. Voltamos juntos e ele assumiu a direção da TV Cultura, a convite do presidente.

Então ele me convidou para trabalhar lá — eu tinha sido chefe de reportagem na *Folha de S.Paulo*,[14] e ele precisava de uma pessoa para o cargo.

Na Cultura, trabalhamos por um mês e as conversas eram principalmente sobre trabalho.

São Paulo, 26 de outubro de 1975.

Paulo Sergio Markun

Todo preso político era obrigado a produzir, de próprio punho, detalhadas descrições de sua militância, confirmando o que já fora arrancado sob tortura. Datilografados pelos escrivães do Dops,[15] tais manuscritos alimentavam o processo por subversão a que os inimigos do regime eram submetidos na Justiça Militar. Quem se recusasse voltava para o suplício.

Mas aquele texto tinha outro objetivo. Quando o escrevi, o DOI-Codi estava no seu encalço há dias. E nada mais simples que localizar o diretor de jornalismo da TV Cultura, que tinha endereço certo, horários de trabalho regulares, família para sustentar e era alvo, há mais de um mês, de uma campanha que o apontava como um perigoso comunista. Ao redigir aquelas 27 linhas, eu tinha de reafirmar, por escrito, o que haviam arrancado sob tortura — e que o pessoal do DOI-Codi estava cansado de saber: que você era um militante de base. Mas, ao mesmo tempo, busquei passar ao largo de qualquer informação adicional que pudesse complicar sua vida. Aliás, sentado na carteira de fórmica, eu imaginava que você tinha escapado da repressão — o que significava que recebera meus recados.

Levei um bom tempo para produzir, mal e porcamente, 27 linhas onde deixei o nome de cinco companheiros do Partido Comunista Brasileiro,[16] um erro de ortografia (W em lugar de V, como costumavam grafar seu nome ali), uma rasura, duas imprecisões (a época em que você saiu da revista e quem o convidara para assumir o jornalismo da Cultura) e três providenciais "se não me engano" que pretendiam diminuir o preço a ser pago por eventuais erros. Para explicar melhor essa história e registrar o que conheço sobre você — muito mais do que sabia na época — relembro como ambos chegamos, sem querer, ao olho do furacão que a morte de um jornalista causou, há quarenta anos.

Antes de voltar ao passado, aproveito para fazer um rápido balanço do que mudou no mundo, no Brasil e na nossa TV Cultura, nessas quatro décadas. Não tenho, obviamente, qualquer pretensão de ter abrangência e relevância neste rápido painel — apenas um recorte pessoal, subjetivo e parcial, que, imagino, lhe permitiria ter uma ideia de onde fomos parar nesse intervalo.

A Guerra Fria acabou. Em julho de 1991, Estados Unidos e União Soviética concordaram em equiparar o tamanho de seus arsenais nucleares. Em agosto, um golpe de Estado depôs o secretário-geral do Partido Comunista. A linha dura perdeu a guerra, o PC foi banido pelo novo presidente e a União Soviética se dissolveu. Oito anos depois, quinze países europeus — inclusive a Alemanha, que se reunificou, derrubou o Muro de Berlim e é plenamente capitalista — resolveram ter uma só moeda, depois de abrir as fronteiras e criar instituições supranacionais.

Mulheres comandam o Brasil, a Alemanha, a Argentina e o Chile (que também deixou de ser ditadura). Um negro preside os Estados Unidos. Um ex-agente da KGB comanda a Rússia, que tem eleições diretas e adotou o capitalismo. Nelson Mandela foi libertado, governou a África do Sul e enterrou o apartheid. O papa é um argentino. A sua Iugoslávia também desapareceu, depois de mais uma guerra terrível, que envolveu sérvios e croatas.

O terror é a nova ameaça. Duas torres enormes de Nova York foram derrubadas por aviões de passageiros em 2001. O idealizador do atentado, um radical muçulmano, foi morto dez anos depois, por um comando americano no Paquistão, mas os americanos continuam amedrontados. Inclusive por sistemas de vigilância secretos e oficiais, desnudados por um dissidente que se exilou na Rússia. O mais satírico semanário francês, *Charlie Hebdo*, sofreu um atentado há pouco tempo que vitimou doze pessoas — entre elas, os cartunistas Charb, Cabu, Honoré, Tignous e Wolinski.

No mundo todo, os apátridas, como você foi um dia, passam dos 10 milhões. Quase 57 300 imigrantes ilegais chegaram à Europa só no primeiro trimestre de 2015. Praticamente o triplo do mesmo período de 2014, quando tinham sido quebrados todos os recordes anteriores. Dezessete mil devem pedir refúgio só no Brasil, em 2015. Vêm da Síria, da Colômbia, de Angola e da República Democrática do Congo, principalmente, mas também do Haiti, do Senegal, da Bolívia. (Em 1974, chegaram ao nosso país 6766 imigrantes.)

Somos outro país. A população dobrou; o rebanho bovino triplicou, a produção de petróleo (descobriram jazidas enormes, muito profundas, no chamado pré-sal) aumentou mais de dez vezes e a de soja foi multiplicada por dezessete. Há menos gente no campo — os brasileiros nas zonas rurais eram 40%, hoje estão por volta de 15% —, em grande parte pelo fato de que nossa frota de tratores é cinco vezes maior.

Os analfabetos, antes quase 30%, são ainda 8%. As matrículas em ensino superior multiplicaram por sete. Em resumo, nosso Índice de Desenvolvimento Humano, que era 0,644, é 0,744. Para você ter uma ideia, o IDH mais alto do mundo é da Noruega (0,944) e o pior desempenho de desenvolvimento humano está em Níger (0,337).

Ernesto Geisel,[17] o presidente de plantão em 1975, foi o penúltimo general a governar o país. Depois dele veio João Figueiredo,[18] seu chefe do Serviço Nacional de Informações (SNI), em cujo mandato foi votada uma anistia, que permitiu a volta dos exilados, libertou todos os presos políticos, mas também livrou os responsáveis pelas prisões, torturas e mortes de qualquer punição.

A ditadura durou 21 anos, mas afinal terminou, como resultado de um processo que mesclou a pressão de baixo para cima — derrotas nas eleições de 1974 e 1982, greves de trabalhadores em 1978, 1979 e 1982, estudantes recriando a UNE, movimentos pela anistia e contra a carestia, a campanha das Diretas em 1984 — com movimentos de cima para baixo, como os que a dupla Ernesto Geisel e Golbery do Couto e Silva[19] pilotaram.

A maior campanha de massas da nossa história não assegurou a volta das eleições diretas para presidente — faltaram

22 votos. Mas na última escolha indireta o regime militar foi derrotado. Vitória do mineiro Tancredo Neves,[20] tendo como vice o maranhense José Sarney.[21] Parece ficção, mas é realidade: Tancredo foi operado às pressas na véspera da posse e morreu antes de assumir o cargo. Sarney completou a transição, que teve constituinte, legalização dos partidos de esquerda, crescimento do PMDB, fim da censura e muito mais.

Desde então, todo brasileiro maior de dezesseis anos pode votar livremente em eleições que acontecem a cada dois anos, cujos resultados são apurados rapidamente, sem maiores traumas. O primeiro presidente eleito pelo povo, Fernando Collor,[22] renunciou para escapar ao impeachment. Seu vice completou o mandato, e em seguida Fernando Henrique Cardoso nos governou por dois mandatos (sim, agora há reeleição por aqui).

Temos 32 partidos políticos registrados — e outros podem surgir a qualquer momento. Mas o jogo político parece restrito a dois partidos — o PSDB de Fernando Henrique e o PT de Lula,[23] aquele líder metalúrgico do ABC, que cumpriu também dois mandatos e fez sua sucessora, Dilma Rousseff, uma ex-guerrilheira que nunca fora eleita anteriormente.

Nem tudo é alegria, contudo: temos a quarta maior população carcerária do mundo — 607 mil presos. Negros e pobres, em sua maioria. Recentemente, esse contingente foi engrossado pelos presidentes das maiores empreiteiras do país, levados para a cadeia sob a acusação de formarem uma quadrilha que combinava a participação em concorrências bilionárias da Petrobras com o pagamento de propinas que ajudavam a financiar candidatos de pelo menos três partidos: PMDB, Partido Progressista e Partido dos Trabalhadores. É o chamado petrolão.

Antes dele, outro processo, o do mensalão, colocou atrás das grades lideranças políticas do primeiríssimo time. Os casos de corrupção multiplicam-se e envolvem diversos partidos. Por trás disso há nosso sistema de financiamento eleitoral, que se apoia em contribuições de empresas — e a regra parece ser a de que é dando que se recebe, como dizia um político da velha guarda, ex-ministro da Indústria e Comércio, já fora do jogo, chamado Roberto Cardoso Alves. Em 2014, as empresas privadas contribuíram com 7 bilhões de reais para candidatos de diversos partidos. Quem não tem esse tipo de apoio tem chances mínimas de se eleger.

Os comunistas não assustam mais ninguém. Aquela onda de sequestros e prisões que nos alcançou, junto de outras centenas de militantes em vários estados, causou pelo menos dez mortes,[24] mas resultou em 76 denunciados em São Paulo e apenas nove condenados.[25] Depois da abertura política, o Partido Comunista Brasileiro, o velho Partidão, que nos abrigou, desapareceu. Seus herdeiros não têm grande expressão.

Em junho de 2009, sua família uniu-se a seus amigos e ex-colegas para fundar uma instituição sem fins lucrativos que busca reforçar a liberdade, os direitos humanos e os valores democráticos. O Instituto Vladimir Herzog mantém viva a memória do que você fez como profissional e cidadão por meio de concertos, peças de teatro, exposições, livros, documentários, palestras, prêmios e projetos educacionais.

Na equipe estão Ivo,[26] que se formou em engenharia naval pela USP, Nemércio[27] e Clarice.[28] No conselho, a que me orgulho de pertencer, André[29] (que é urbanista e vive em Washington), Audálio,[30] Fátima[31] e Fernando,[32] Gunnar Carioba[33] (marido de Clarice), Weis, Marco Antônio, o Marquito, e Zuenir.[34] Estes três ainda estão ligados a jornais — Marquito e Weis como editorialistas do *Estadão*, e Zuenir como colunista de *O Globo*[35] (e membro da Academia Brasileira de Letras).

Mas jornais e revistas passam por uma crise medonha, aqui e no mundo todo. *Opinião, Visão, Movimento*,[36] *Jornal do Brasil*,[37] *Jornal da Tarde*,[38] *Diário Popular*,[39] *Gazeta Mercantil*,[40] *Folha da Tarde*,[41] entre outros títulos, desapareceram das bancas.

A crise tem a ver com a multiplicação dos computadores e o surgimento da internet. É tão difícil explicar essas coisas para alguém de 1975 como dar ideia a quem já nasceu no atual cenário do que era o mundo sem tais modernidades. No tempo em que nos falamos pela última vez, computadores eram cérebros eletrônicos, mastodontes, como o chamado Patinho Feio[42] —, ou engenhocas ainda meio sem função clara, como o Altair 8800.[43]

Rapidamente, engenhocas cada vez menores, mais baratas e eficientes aposentaram as máquinas de escrever, linotipos, diagramadores, e foram automatizando tarefas repetitivas de todo tipo. Muitas famílias têm mais de uma para cada pessoa.

Hoje, a maioria cabe na palma da mão e ainda serve para telefonar. Conectadas a uma rede mundial que interliga 3,1 bilhões de pessoas em torno do planeta — mais de 100 milhões no Brasil —, são a coqueluche do momento. Em média, cada usuário olha para seu aparelhinho 150 vezes por dia.

Com eles jogamos mil joguinhos, ouvimos música, fazemos compras, acessamos contas bancárias, mandamos mensagens, filmamos, fotografamos tudo e assistimos a filmes e vídeos. Assim conheci *Marimbás*.[44] Também vi *Doramundo*, que o João Batista[45] conseguiu realizar em 1978.

No que chamamos de nuvem digital estão muitos dos documentários que fiz nos últimos anos e centenas de programas *Roda Viva* (entrevistas semanais que a TV Cultura exibe desde 1986 e que tive o prazer de comandar por dez anos). Para quem aprecia ópera, como você, a oferta também é enorme: há 269 mil referências a árias de ópera de todo tipo. Só da contemporânea *Nixon in China*[46] são 1870 resultados.

Um planeta tão interligado parece o sonho de quem, como você e eu, acredita no potencial da informação e do conhecimento para melhorar o mundo. Mas nesse mar de textos, sons e imagens, navegamos todos meio sem rumo e sem precisão — nos dois sentidos da palavra.

A televisão ainda é a grande mídia — assistida regularmente por 97% dos brasileiros. Das emissoras existentes em 1975, a Tupi[47] fechou as portas, dando lugar a duas redes — SBT[48] e Manchete;[49] esta última também desapareceu. Surgiram centenas de canais pagos e gratuitos, que recebemos por satélite ou cabo, mas ainda alcançam menos de trinta em cada cem domicílios brasileiros.

A TV pública avançou, mas está longe de ser o que imaginamos. A Cultura ganhou autonomia e tem até um conselho curador, onde o governo não possui maioria. Fez programas que marcaram época, mas não recebe recursos suficientes para alçar voo. Por três anos, fui seu diretor-presidente, o primeiro ex-funcionário a chegar ao cargo, mas, por questões que não vêm ao caso, o que tentei realizar foi apagado do mapa. Desde 2007, há uma emissora pública federal, a TV Brasil,[50] que ainda tem muito a avançar.

O jornalismo como conhecemos parece ameaçado: hoje, só 6% dos brasileiros leem jornais impressos diariamente, e 7%, as revistas semanais. E, embora muitas publicações já tenham edições eletrônicas, não descobriram um modelo capaz de substituir o que está baseado em papel, tinta, publicidade e assinaturas. Um levantamento recente, o *Digital News Report*, divulgado anualmente pela Reuters, indica que é o Brasil, entre doze países avaliados, o que mais consome notícias pelas chamadas redes sociais.

Na TV, no rádio, na imprensa escrita ou no computador, não há qualquer censura oficial — desse modo, milhões manifestam ideias e opiniões pelas redes sociais, um território propício a todo tipo de debate, nem sempre consequente ou qualificado, registre-se.

Paro por aqui. Deixo propositalmente de lado as questões pessoais, caso contrário teria muito a falar sobre filhos e netos — tenho três e quatro, respectivamente. Do seu lado estão Lucas, dezoito anos, filho do Ivo, cursando economia na USP, e Sofia e Helena, filhas de André.

A nossos netos é endereçado o relato que se segue.

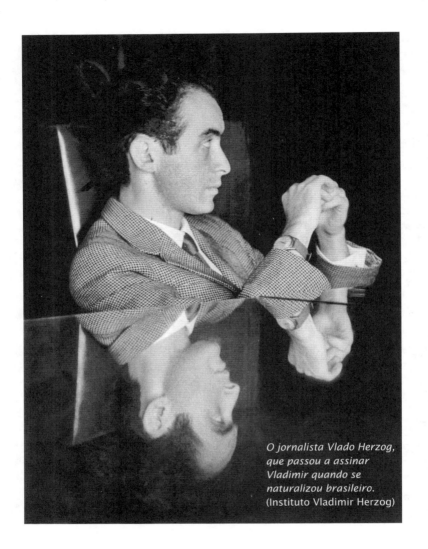

O jornalista Vlado Herzog, que passou a assinar Vladimir quando se naturalizou brasileiro. (Instituto Vladimir Herzog)

1 O primeiro encontro

N0 FINALZINHO DE MARÇO DE 1975, na redação da *Folha*, ele foi direto ao ponto:

— Você é o Markun? Sou Vlado Herzog. Assumi a sucursal do *Opinião* e estou procurando colaboradores. Você topa escrever para o jornal?

Ele tinha quase 38 anos, quinze mais que eu, e uma experiência jornalística proporcionalmente maior que os meus três anos como repórter de cidade. Até aquele momento, nunca havíamos conversado. Quando ele se tornara professor da ECA, a Escola de Comunicações e Artes da USP, eu já havia deixado a faculdade. No ano anterior, a revista *Visão*, onde Vlado cuidava da editoria de cultura, publicara três pequenas matérias minhas sobre problemas urbanos de São Paulo, todas devidamente reescritas — e melhoradas — pelo colega dele Luiz Weis, mas eu só o vira de relance na redação.

Vlado não era muito loquaz, eu também não, e nossa primeira conversa terminou assim, com a aceitação imediata de seu convite. Afinal, se jornalistas tarimbados brigavam para escrever no *Opinião*, um jovem repórter e militante de 22 anos não vacilaria diante dessa oportunidade, fosse quem fosse o autor da proposta.

Nas semanas seguintes, entreguei-lhe minhas primeiras matérias. Vlado não fez qualquer reparo aos textos. Vindo de quem mandara o escritor Otto Maria Carpeaux[1] reescrever duas vezes o mesmo artigo, parecia um bom sinal. Entre nosso primeiro encontro e a sexta-feira, 17 de outubro de 1975, quando conversamos pela última vez, quase sete meses depois, nos tornamos colegas e companheiros, compartilhamos dramas e esperanças, discutimos jornalismo e política, mas ele jamais me contou qualquer detalhe de sua vida pessoal. Até porque, àquela altura, isso não tinha importância alguma.

Desse modo, só muito mais tarde fiquei sabendo que ele nascera em Osijek, em 27 de junho de 1937, e que seu nome passou a ser Vladimir quando se naturalizou brasileiro. No dia 2 de março de 1955, ele ainda assinou como Vlado o formulário que lhe garantiu a carteira de identidade de estrangeiro, na qual aparecia como apátrida, solteiro, comerciário, cor branca, cabelos, sobrancelhas e olhos castanhos (eram verdes, na realidade), bigode e barba raspados, estatura normal, religião israelita, que sabia ler e escrever, filho de Zigmund e Zora Herzog, residente na rua Odorico Mendes, 393, em São Paulo.

Na frente do formulário, preenchido à máquina, o nome da cidade que hoje integra a Croácia está escrito errado — "Osijok" —, rasurado e corrigido à mão. No verso, o mesmo erro, já que a quarta maior cidade da Croácia continua sendo pouco conhecida dos brasileiros, apesar de sua longa história, cujas origens remontam ao Neolítico.

Quando Vlado nasceu, Osijek era parte da Iugoslávia. Zora e Zigmund, conhecido como Giga, não eram sérvios, croatas ou eslovenos, como a maioria dos iugoslavos, mas judeus, e viviam em Banja Luka, um polo industrial e comercial, de maioria muçulmana e hoje incluído na Bósnia e Herzegovina. O casal só foi para a casa dos Wollner, a família de Zora, em Osijek, para que o primogênito — afinal, filho único — nascesse sob a supervisão da avó materna. Pouco depois, voltaram ao prédio de três andares de Banja Luka, onde funcionava a tradicional M. Herzog e Filhos, misto de armazém com loja de porcelanas.

Os primeiros tempos de Vlado estão relatados na carta em que seu pai recordou o drama vivido pelos Herzog durante a Segunda Guerra. Escrita em iugoslavo, quando Vlado estava em Londres, em 1968, foi guardada como preciosidade por dona Zora até a ex-secretária Trudi Landau[2] torná-la pública, dezoito anos mais tarde.

Quando os alemães atacaram Banja Luka, o avô de Vlado levou mulheres e crianças para um vilarejo próximo. Mas as autoridades alemãs resolveram interrogá-los, em busca de joias e dinheiro, e o avô decidiu trazê-los de volta para a cidade. Pouco adiantou: as casas dos judeus foram confiscadas. Em carta a Vlado, muito mais tarde, o pai dele relembrou o episódio:

> Foi a primeira vez que você, coitadinho, defrontou-se com a maldade gratuita e com a injustiça dos mais fortes contra os mais fracos. No começo de sua existência, você acreditava que todos os homens fossem bons como aqueles que o cercavam nos primeiros quatro anos de vida. Agora você estava sendo uma das vítimas do ódio racial, antes mesmo de saber o significado de ódio e raça. Fitava, com seus grandes olhos verdes, aquele ordenança de uniforme, plantado em frente à mãe, apontando a baioneta para a rua, gritando: "Raus", fora!
>
> Sua mãe implorava para que lhe dessem um pouco mais de tempo, você estava doente, com diarreia. Você sempre foi

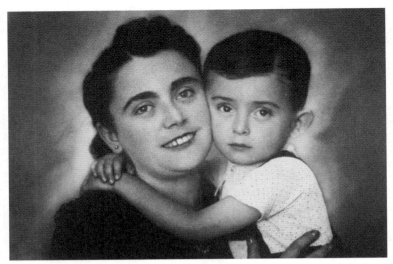

Vlado, aos três anos de idade, com a mãe, Zora Herzog. (Instituto Vladimir Herzog)

Vlado com os pais, Zora e Giga, aos quatro anos de idade, em 1941, ainda na Europa. (Instituto Vladimir Herzog)

franzino, adoecendo facilmente, mas o militar pouco se importava com isso.

Um major do Exército alemão instalou-se no apartamento dos avós, retirou os objetos mais valiosos e mandou para a família na Alemanha. Um tenente tomou o apartamento dos pais de Vlado, obrigando dona Zora a atuar como camareira, trocando a roupa de cama toda semana. Por fim, a firma da família foi vendida pelo novo governo para um descendente de alemães. Os Herzog nada receberam. Depois disso, quando passava diante da sua antiga casa, Vlado perguntava:
— *Ali ainda moram os homens maus?*
Os judeus e sérvios foram humilhados e começaram a ser presos. Com a ajuda de um oficial alemão que fazia tráfico de refugiados, parte da família conseguiu chegar a Fonzaso, na província de Belluno, região do Vêneto, na Itália. Foram tão bem recebidos por lá que, apesar da guerra e do racionamento, seu Giga guardou boas lembranças:

> Sua querida mãe aprendeu a preparar polenta de todas as maneiras, para nossa refeição principal. Era um prato de resistência, nutritivo e gostoso. Aprendeu também a fazer bolos com farinha de milho. Não passamos fome e não tivemos medo das pessoas que nos rodeavam. Você, finalmente, começou a engordar — em termos — e a desenvolver-se. Antes obrigado a ficar quieto semanas a fio, impedido de gritar, de correr, você estava agora com bochechas, as pernas queimadas e firmes. Podia brincar na rua com outras crianças, mas assim mesmo ficou um pouco diferente das demais. Você havia passado tantos sustos, recebido tantas proibições e recomendações que já não era igual às crianças despreocupadas que tinham crescido juntas naquele lugar pacífico.

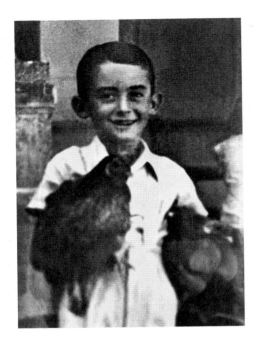

Vlado em 1946, o ano em que a família chegou ao Brasil, na véspera de Natal. (Instituto Vladimir Herzog)

A família Herzog antes de viajar para o Brasil. Itália, 1946. Vlado é o primeiro à esquerda. (Instituto Vladimir Herzog)

Quando os aliados desembarcaram na Itália e Mussolini caiu, e os nazistas invadiram o norte do país, os Herzog foram para Fermo, onde alugaram um cômodo na casa de dona Peppa, mulher de um enfermeiro aposentado. Para escapar dos delatores, se passaram por refugiados italianos vindos da fronteira com a Iugoslávia. Já que o nome poderia denunciar sua origem, seus pais começaram a chamá-lo de Aldo. Como lembrou seu pai, um dia um fascista que morava no mesmo prédio olhou para a roupa do menino e perguntou:

— Como é que chamam você de Aldo, se na sua malha há um V bordado?

Parecia que, por alguns segundos, o coração do menino parou. Sentiu que aquela pergunta era uma armadilha e respondeu:

— Ganhei do meu primo Victorio.

Quando nos contou, nossos olhos encheram-se de lágrimas de susto e de orgulho. Foi Deus quem lhe soprou a resposta; somente podia ser. Que tempos são esses que fazem com que crianças educadas para sempre dizer a verdade não hesitem em inventar histórias, num momento crucial, sabendo quase subconscientemente que a vida podia depender de um disfarce surgido na hora?

De Fermo, eles foram para Magliano di Tenna, uma cidadezinha próxima onde, quando a guerra acabou, foram classificados como *displaced persons*. Transferidos para Santa Maria di Bagni, uma antiga colônia de veraneio, passaram aos cuidados de funcionários da ONU. Dessa época, dona Zora guardou algumas fotos. Numa delas, Vlado sorri para a câmera no colo do pai. Em outra, carrega duas galinhas, uma sob cada braço.

Vlado, aos 23 anos, sempre com sua máquina fotográfica a tiracolo, ao lado de seus pais, Giga e Zora, em 1960. (Instituto Vladimir Herzog)

2 Um jovem Herzog no Brasil

NA VÉSPERA DO NATAL DE 1946, Vlado chegou ao Rio de Janeiro com os pais a bordo do *Philippa*, um navio panamenho, com passagens fornecidas por uma organização judaica de ajuda e com passaportes de apátridas, expedidos pelas Nações Unidas. O calor e a falta d'água enlouqueciam os cariocas naquele início de 1947, e eles resolveram se instalar em São Paulo. Por dois meses, viveram num hotel pago pela Congregação Israelita, até seu Giga arranjar emprego numa indústria de papel de um membro da comunidade. Dona Zora sublocou um quarto para quatro rapazes e abrigou outros dois irmãos solteiros do marido, cozinhando para todos eles. Para completar o orçamento, ela ainda bordava para fora.

Uma diretora da Congregação acomodou Vlado num grupo escolar. Como ele aprendera a ler, escrever e fazer contas na Itália, um mês depois a professora recomendou sua transferência para a série seguinte.

Aos onze anos prestou o exame de admissão — prova que selecionava os melhores candidatos para as escolas públicas mais requisitadas, como a Presidente Roosevelt.[1] Dessa época, dona Zora guarda, com orgulho, um atlas geográfico com a seguinte dedicatória: *"Prêmio do Curso São Judas Tadeu a Vlado Herzog por ter se classificado em primeiro lugar nos exames de admissão ao Colégio Estadual Presidente Roosevelt, em fevereiro de 1949".*

Mas, depois desse início brilhante, seu desempenho foi piorando: no quarto ano do ginásio, acabou reprovado em Ciências Naturais e só passou na segunda chamada, com média 5,7.

Vlado não ia bem na escola, mas gostava de cinema, literatura, música e, principalmente, de teatro. Estudou com o professor Edoardo Bizzarri no Instituto Cultural Ítalo-Brasileiro e escreveu *O rei berra*, comédia inspirada no teatro do absurdo. Contrariando o título da peça, seu protagonista falava aos sussurros, enquanto a rainha Sussurra só se expressava aos gritos. Foi nessa época que se tornou amigo de Luiz Weis. Amizade movida a acaloradas discussões, recordaria Weis mais tarde:

> Lembro das discussões que mantínhamos, discussões de adolescentes. Saindo do colégio, ambos no curso noturno, ele no Científico, eu no Clássico, subíamos juntos a avenida Rangel Pestana, em direção à praça Clóvis Bevilacqua, no centro velho da cidade, onde ele tomaria o ônibus 28-Fábrica, que o deixaria em casa, a pouca distância da avenida do Estado, no cinzento bairro do Cambuci. Vlado devia ter uns dezesseis, dezessete anos, dois a mais do que eu. Magro, como sempre seria, orelhas de abano, que tempos depois corrigiria com uma plástica, os olhos tímidos, mas inteligentes, ele possivelmente se entediava com a minha insistência em falar de política — e de política brasileira, ainda por cima. Certo era que se impacientava com as tiradas nacionalistas e antiamericanas do

amigo, para quem o suicídio de Getúlio Vargas e sua carta-testamento ainda latejavam na memória da emoção.

O jovem Vlado não concordava que as injustiças sociais (para as quais não era menos sensível do que qualquer outro) e o atraso do Brasil (ou o subdesenvolvimento, como aprendíamos a soletrar) fossem consequência da "espoliação internacional" e da "ação dos trustes". Bobagem, ele dizia, o Brasil é o que é por causa da corrupção dos governos. Mas se existe corrupção, eu contra-argumentava, é porque os monopólios precisam corromper para continuar mandando. É, retrucava Vlado, mas se os políticos brasileiros fossem patriotas de verdade, não haveria dinheiro capaz de comprá-los. E dava o assunto por encerrado. Assim ficávamos até Vlado embarcar no último ônibus. Eu saía dali pisando duro, pensando como esse meu amigo podia ser tão, tão... alienado; como, com toda essa idade e todas as suas leituras, ele nem se envergonhava de invocar o testemunho do pai para reforçar um ponto de vista, especialmente quando se falava de capitalismo e comunismo. Seu Giga, o pai de Vlado, não tinha a mais remota simpatia pelo comunismo.

Na época, os três últimos anos do que hoje é o ensino médio dividiam-se entre o curso Científico, voltado para as áreas de exatas e biomédicas, e o Clássico, dedicado às humanas. Vlado escolheu o Científico, mas depois de um ano desistiu e foi trabalhar numa ótica. Não gostou da experiência: os donos proibiam que atendesse no balcão, exigiam que ele varresse a loja e não lhe ensinavam nada, e ele deixou o emprego. Tendo perdido o prazo para se matricular em outro curso, arranjou uma vaga de meio expediente num banco e passou a estudar em casa para enfrentar a seleção do colégio e retomar os estudos.

A prova, feita no dia 28 de fevereiro de 1956, incluía a redação com o tema *"Por que escolhi o Clássico?"*:

> Eis uma pergunta que poderá parecer banal, mas que para mim, especialmente, tem significado capital.
> Perguntais-me por que escolhi. Realmente, devo reconhecer que pertenço ainda ao pequeno grupo ao qual ainda é dada a faculdade de escolher.
> Escolhi, sim. Escolhi agora, porque mais tarde, quem sabe? Já não pertenceria aos que escolhem, mas aos que são escolhidos. [...]

O professor lhe deu nota 8,5 e Vlado voltou ao colégio. Na classe, encontrou outro aluno que passara a infância na Itália no tempo da guerra e era igualmente esquálido: Alexandre Gambirasio.[2] O drama de ambos eram as aulas de ginástica, obrigatórias, que não conseguiam acompanhar. A solução do professor foi transformá-los no objeto dos exercícios — eram simplesmente carregados para lá e para cá pelos mais parrudos, como parte do programa.

Além de Weis e Gambirasio, o futuro jornalista e filósofo José Chasin também era aluno do Presidente Roosevelt. A turma estava mais interessada em cérebro do que em músculos. Gambirasio lembra que foi Vlado quem o aproximou da música clássica, dando-lhe o *Concerto número 5 de Beethoven* para violino e orquestra. Vlado gostava tanto de ópera que chegou a arranjar um lugar de figurante, como soldado romano, só para assistir de graça a uma récita no Teatro Municipal.

Os quatro mantinham longas conversas com dois professores: o de francês, Orestes Nigro, e o de literatura, Mario Leônidas Casanova. Divertido e grande conhecedor de modinhas de carnaval, ele apresentou os rapazes à filosofia e ao jornalismo. Além de estimulá-los a prestar o vestibular para filosofia, levou-os a Perseu Abramo,[3] chefe de reportagem do jornal *O Estado de S. Paulo*. Vlado e Weis fizeram duas semanas de teste e foram aprovados, mas como não havia vagas o jornal ficou de chamá-los mais adiante.

Vlado e sua turma cresceram num país que vivia a efervescência do governo JK. Eu e meus amigos passamos a adolescência no Brasil dos militares. Mas antes do Ato Institucional Número 5, o AI-5,[4] ainda havia espaço para o debate e a opinião. E, graças ao interesse de alguns professores abnegados e de um grupo de alunos do Alberto Conte, um dos melhores e mais engajados colégios públicos da cidade — onde estudei desde o primário —, passei a me interessar pelo que acontecia no país e troquei as aulas pelas passeatas, no embalo do furacão estudantil de 1968. Foi nesse clima que, junto de alguns amigos, escolhi o Clássico, embora nenhum de nós tenha justificado a decisão por escrito, como Vlado.

Em 1958, ele arrumou emprego como tradutor e redator da agência de notícias italiana Ansa. Em março de 1959, ingressou no curso de filosofia. Mais um mês, estava no *Estadão*. O jornal era um centro de política, cultura e inteligência, no dizer de Weis:

> Para ali, onde trabalhavam pessoas de sofisticada formação, como o próprio Perseu, chefe de reportagem, Fernando Pedreira,[5] seu sucessor, o secretário Cláudio Abramo,[6] e o editor internacional, Oliveiros S. Ferreira, convergiam, nos fins de tarde e de noite, políticos e professores, escritores, artistas e boêmios — uma variedade de intelectuais cujas discussões deliciavam jovens repórteres como nós.

Logo depois de entrar para o jornal, Vlado alugou um apartamento bem em frente à redação. Dona Zora reclamou no começo, mas passou a visitá-lo regularmente para encher a geladeira de comida, e o armário, de roupas limpas.

Em 1960, Vlado, Weis e Gambirasio integraram a equipe chefiada por Fernando Pedreira encarregada de cobrir a inauguração de Brasília (a cobertura valeu o prêmio Esso ao jornal), o que o faz coautor da manchete curta e grossa do dia 21 de abril de 1960 — *"Brasília é a capital"*. O texto da primeira página demonstra com que ânimo o país recebia a concretização daquele sonho:

> Nasceu glorioso o primeiro dia de Brasília, a nova capital do Brasil, "meta das metas, a torre de comando, o porto de destino, o portal do sertão, a clareira na selva, a clarinada no ermo, o trono do império, o toque de alvorada". Os primeiros raios de um sol que sucedeu a ligeira chuva banharam 6 mil quilômetros quadrados de superfície no planalto central, a mais nova das cidades latinas.

No dia seguinte, Vlado produziu uma daquelas matérias que os jornais programam em grandes eventos e que buscam apresentar, ainda que marginalmente, o outro lado da festa. No caso, pela ótica das crianças:

> BRASÍLIA, 22 (Estado) — Às 9 horas e 30 de hoje, Brasília completou um dia de vida oficial. Criança que é, a nova capital brasileira iniciou a manhã com uma festa dedicada às crianças, às centenas de crianças que aqui vivem e às muitas que aqui nasceram. Como convém a uma criança, Brasília também brincou. E, claro, houve também coisas sérias, solenidades que se constituíram nos pontos altos da inauguração:

a missa campal, os atos de instalação da Câmara, do Senado, do Congresso e dos Tribunais de instância superior. Para confirmar o tom de seriedade do acontecimento, veem-se em Brasília numerosas casacas e lustrosas cartolas. Colarinhos engomados, em cujos bordos se percebe o autógrafo vermelho do planalto goiano. Mas Brasília é uma criança. Ainda recém-nascida, brincou com fogo, naturalmente de artifício.

Imagino o nariz torcido diante dos discursos ocos e das casacas e cartolas maquiadas pelo poeirão goiano. A vida na nova capital não o entusiasmou, reconheceria Weis mais tarde:

> Nas horas de trabalho ou de lazer, jornalistas, políticos e autoridades esbarrávamos, inevitavelmente, uns nos outros — e esse convívio, que parecia seduzir a maioria de nós, apenas deixava Vlado entediado. Não que ele deslizasse pela vida (e pela profissão) alheio ao país e à política. Tampouco era indiferente ao confronto das forças que se preparavam para disputar a Presidência nas eleições de outubro daquele ano — de um lado, com o marechal Henrique Lott, de outro, com o ex-governador Jânio Quadros. Mas o extremo rigor crítico, que era um dos traços mais fundos de sua personalidade, não lhe permitia tomar partido com a paixão ainda juvenil de outros de nós. Antes, a severa ironia com que julgava pessoas e fatos ao seu redor guiava-o fatalmente a uma posição de ceticismo, que nele não era atitude cultivada, porém manifestação genuína.

Relendo esse trecho, desconfio que termos como "extremo rigor" e "severa ironia" podem sugerir o perfil de um chato. É bom acrescentar que assim como o rigor não impedia o humor, a ironia não perdoava ninguém. Nem mesmo Vlado, que jamais se levou muito a sério.

Depois de um rápido namoro, Vlado e Clarice se casaram em fevereiro de 1964. Ao fundo, Zora, mãe de Vlado. (Instituto Vladimir Herzog)

3 Sartre, cinema, Clarice

OUTRA COBERTURA JORNALÍSTICA acabaria por mudar a relação de Vlado com nosso país e seus problemas: a da visita de Sartre ao Brasil, em setembro de 1960. O filósofo francês, papa do existencialismo e, como tal, coqueluche da época, acabara de passar por Cuba, outra presença constante nas manchetes a partir da vitória de uns revolucionários barbudos. Eles tomaram Havana em janeiro de 1959, decretaram a reforma agrária, nacionalizaram as empresas americanas e fuzilaram colaboradores do antigo regime ditatorial. Mas até aquele momento não estavam alinhados com a União Soviética.

O *Estadão* cobriu amplamente a visita de Sartre ao Brasil. Na edição de 3 de setembro de 1960, parece ser de Vlado a matéria que registrou uma bizarra coletiva do filósofo em São Paulo:

> Trinta pessoas aglomeradas em torno de uma mesa. Sentado à cabeceira, um homem baixo, estrábico, nos dedos uma cigarrilha que se apaga instante a instante, a voz clara, sem inflexões

exageradas, a gesticulação natural, responde durante uma hora a pergunta de toda espécie. Sério, parece evitar os ditos irônicos, a anedota, mas sorri duas ou três vezes. Ignora o acender dos flashes, os microfones, que lhe são enfiados em pleno rosto, e as conversas próximas. Os temas: juventude francesa, Argélia, Cuba, comunismo, Malraux, Estados Unidos, guerra, Nietzsche, existencialismo, luta de classes, dialética, Brasil. As respostas vinham prontas, mas sem pressa, compridas, mas inteligíveis, como uma aula de um professor consciente e atento, lúcido e honesto.

Enquanto fala, encara firmemente o interlocutor, através dos óculos, e ao terminar concentra-se na tarefa de reacender a cigarrilha.

Ao contrário de Malraux, que deixou impressão pela riqueza dos gestos e pela teatralidade da voz, em Jean-Paul Sartre nada há, à primeira vista, que o distinga do indivíduo comum, nada que o identifique, fisicamente, com o escritor, com o corajoso homem de ação, com um dos mais discutidos homens do nosso tempo. Passados quinze minutos, a entrevista transforma-se numa conversa, em tom apenas audível, entre o pensador e dois ou três interlocutores. Os demais ouvem. Alguém esboça uma pergunta, mas logo desiste. O ambiente é calmo, oposto àquele que geralmente se forma em tais ocasiões. Ninguém precisa gritar para ser entendido e, felizmente, ninguém pergunta ao entrevistado o que achou de São Paulo.

Às dezoito e dez, a entrevista termina. Mas o escritor é reconduzido ao sofá inicial, onde quatro radiorrepórteres o aguardavam, microfones em punho. Desta vez é preciso um intérprete e por meio dele é que fazem a primeira pergunta. Sobre a "teoria do existencialismo". Sartre responde. O intérprete traduz. Notam que os gravadores não funcionam. Pausa. Consertam-se os gravadores. Repetem a pergunta. Sartre diz novamente que "não existe teoria do existencialismo". Novamente, o intérprete traduz. Mais três questões são formuladas e o filósofo se levanta.

No caminho até o elevador, despede-se de alguns. Simone de Beauvoir, discreta, conversa com amigos, enquanto o espera. Uma senhora aborda o escritor e com ele pretende iniciar uma discussão sobre um problema religioso. Sartre responde, cordato, enquanto a interlocutora sacode a cabeça, como quem discorda.

De repente, esbaforido, surge outro radiorrepórter que se atrasara. Aos gritos, pede uma declaração. Impassível, Sartre espera que surja o microfone, que se liguem as tomadas. Enfim, a pergunta: "Acredita no êxito da Revolução Cubana?" A resposta vem, mas tem de ser repetida e traduzida. O microfone não funcionara. Risos. Sartre retira-se enquanto o repórter queixa-se de que a entrevista estava estragada.

A passagem de Sartre pelo Brasil, observa Weis, representou um golpe definitivo no ceticismo de Vlado:

> As caudalosas palavras do francês, sua aparentemente inesgotável curiosidade pelo Brasil, seu raciocínio profissionalmente preciso e, talvez, mais do que tudo isso, a paixão com que tratava qualquer tema — do lugar da filosofia no mundo contemporâneo ao papel dos homens de ideias diante dos conflitos sociais — produziram em Vlado efeitos poderosos. Via Sartre, ele descobriu o engajamento.

De alguma maneira, efeito semelhante ao que Sartre teve para Vlado devo creditar ao arquiteto João Batista Vilanova Artigas,[1] cuja casa se tornara um reduto não apenas dos estudantes da Faculdade de Arquitetura e Urbanismo da USP, de onde ele fora cassado pelo AI-5, como também da nossa turma de secundaristas. Veemente, rangendo os dentes, Artigas nos dava verdadeiras aulas sobre os mais diversos temas — do Renascimento à reforma agrária. Embora fosse historicamente ligado ao Partido Comunista Brasileiro, ele nunca empurrou ninguém rumo à militância: apesar da convivência diária, eu e outros colegas acabamos nos aproximando primeiro da Ação Popular,[2] que tinha presença mais ativa no movimento estudantil.

A essa altura, a organização trocara a influência da Igreja Católica por um alinhamento com os comunistas chineses, incorporando um aposto ML — referindo-se a marxista-leninista — à sigla e procurando recrutar militantes dispostos a reproduzir nos confins do Brasil a tal "guerra popular prolongada", que levara o comandante Mao Tsé-tung ao poder na China. E, numa guerra desse tipo, universitários não eram lá muito bem-vindos.

Um dia, na porta do colégio, um dirigente da APML me apresentou, a sério, três alternativas: ir para o campo trabalhar como camponês, entrar numa fábrica e tornar-me operário ou repetir propositalmente de ano e virar secundarista profissional. Recusei as ofertas — meus pais simplesmente me fuzilariam se optasse pela terceira. Um amigo que escolheu a segunda hipótese foi para uma indústria, começou a conscientizar os operários e acabou levando uma surra, porque desconfiaram que ele fosse da polícia.

O engajamento de Vlado estava mais para o som direto do que para a ação direta: ele queria produzir documentários nos moldes do cinema-verdade, e tinha como guru o poeta e cineasta argentino Fernando Birri,[3] que conhecera num festival de cinema em Mar del Plata, no Uruguai, para onde fora como enviado especial do *Estadão*. Depois de se extasiar com *Los Inundados*, primeiro longa-metragem de Birri, foi a Buenos Aires e assistiu a *Tiré Dié*, resultado de três anos de trabalho das turmas de Birri no Instituto de Cinematografia da Universidad del Litoral, em Santa Fé. O documentário mostra crianças argentinas esmolando sob o viaduto de uma estrada de ferro e gritando "*Tiré dié, tiré dié*", algo como "Me dá um dinheiro aí", aos passageiros dos trens. Num artigo publicado pelo *Estadão*, Vlado endossou a premissa militante de Birri e de seus alunos:

> Ser útil à coletividade — quantos não se sentem tentados a tapar o nariz diante de semelhante afirmação, herética para os que se denominam Artistas, para os quais a expressão entra na Idade Média no momento em que desce para as ruas. Sim, porque para os modernos artífices das "catedrais" cinematográficas, quando se vai até o povo, até a rua, se "desce", se renuncia aos celestes desígnios de uma arte olímpica.
>
> Aos moços de Santa Fé não interessa dialogar com meia dúzia de iniciados. A frase de Grierson "tratamento criativo da realidade" implica para eles a possibilidade de um diálogo o mais vasto possível. E só é possível falar a muitos sobre aquilo que diz respeito a muitos, é atual e urgente. Em cinema, como no resto.

No escurinho do cinema, aos 25 anos, ele descobriu outra paixão, menos cerebral que os filmes, a imprensa ou o existencialismo: Clarice Ribeiro Chaves. Seu primeiro papo com a morena de olhos grandes, colega de Weis nas ciências sociais da USP, aconteceu no saguão da faculdade. Ela vendia livros a fim de arrecadar fundos para o grêmio. Foram ao cinema algumas vezes e, no início de 1963, ele propôs se encontrarem no Rio, onde ia fazer um curso de documentário com Arne Sucksdorf.[4] No Carnaval, sem saber que Vlado estava em São Paulo, ela aceitou o convite. Ao descobrir que a moça fora a seu encontro, Vlado partiu para o Rio e o namoro começou.

Nas aulas de Sucksdorf, ele começou a planejar um documentário sobre Canudos e Antônio Conselheiro. Seu primeiro trabalho foi *Marimbás*, um curta-metragem que se tornou um dos exemplos pioneiros de cinema-verdade e ainda é exibido em festivais. Dez minutos retratando a vida dos deserdados que viviam das sobras deixadas na praia pelos pescadores de Copacabana, ao limpar as redes.

O namoro de Vlado e Clarice foi rápido, mas a previsível reação de dona Zora e de seu Giga diante de uma gói — termo usualmente aplicado aos não judeus e que significa idólatra — os fez ocultar o romance até um mês antes do casamento, que aconteceu em 15 de fevereiro de 1964. A festa foi grande e sem qualquer cerimônia religiosa. Como padrinhos, Dirce e Emílio, tios de Clarice, Fernando Pacheco Jordão e sua mulher, Fátima, amiga de infância de Clarice. A turma da TV Excelsior filmou tudo e mandou o material para o casal com um título que remete ao apelido meio sacana, mas compatível com o físico do noivo: *O casamento do Bambi*.

Ainda em 1963, Vlado teve o primeiro contato profissional com o veículo que substituiria o cinema em sua vida. Foi no *Show de Notícias*, um telejornal criado por Fernando Pacheco Jordão na então poderosa TV Excelsior, nos moldes do já extinto *Jornal de Vanguarda* de Fernando Barbosa Lima,[5] onde Vlado ocupou a função de coordenador de produção.

Pouco depois, veio o golpe militar. Clarice trabalhava como repórter e colunista da *Última Hora* e estava em casa, com um problema de saúde, quando apareceu alguém dizendo que os militares tinham entrado na redação para prender uma mulher. Como era ela a única ausente, não saiu do apartamento até descobrir que a tal Bernardete tão procurada era, na realidade, o crítico de cinema Jean Claude Bernardet.

A situação do país e o clima no *Estadão* levaram Vlado até o Chile — ele chegou a pensar em viver lá. Viajou com João Baptista Lemos,[6] com quem havia trabalhado na Excelsior. Mas, numa Santiago cheia de exilados, percebeu que seria um erro tentar a vida ali.

Por aqui, um relatório confidencial do Dops, datado de 18 de fevereiro de 1965, arrolava o nome dele entre os profissionais de imprensa que, "aberta ou veladamente, se mostram contrários ao Movimento Revolucionário". A lista era apenas mais um entre milhares de informes secretos produzidos durante a ditadura. Qualquer mistura de boatos, maldades, inverdades e informações colhidas pelos dedos-duros de plantão era suficiente para justificar as perseguições mais torpes e imbecis. Indiferente às consequências, Vlado assinou em maio um manifesto de intelectuais, publicado pela *Última Hora,* entrando, desse modo, em outra lista negra.

Depois de entregar a direção de produção do filme *Viramundo* para Sérgio Muniz e pedir demissão do *Estadão*, embarcou para a Inglaterra, seguindo a trilha aberta por Fernando Jordão e Nemércio Nogueira. Seis meses depois, Clarice foi encontrá-lo em Londres, já trabalhando na BBC.

Não foi propriamente um exílio, mas na Inglaterra tiveram seus dois filhos. Ivo, em 1966, e André, em 1968. Numa das primeiras viagens da família, com Clarice ao volante, rodaram 7 mil e tantos quilômetros num roteiro sentimental, que incluiu França, Bélgica, Alemanha, Itália — e Iugoslávia.

As matérias que enviou para a revista *Visão* nesse período inscreveram seu nome no pedido de busca secreto número 168, expedido pela Divisão de Segurança e Informações do Ministério da Justiça em 20 de dezembro de 1967. O documento queria mais detalhes sobre as atividades de vários jornalistas da equipe da revista, acusados de serem comunistas ou suspeitos de exercerem atividades esquerdistas.

O humor de Vlado oscilava entre a satisfação de viver num país civilizado e a frustração de estar longe do Brasil. É o que revelam as cartas que escreveu a amigos, reunidas por Jordão em seu livro *Dossiê Herzog*:

Estou novamente com a mosca azul da volta ao Brasil. É que com o frio e a falta de dinheiro, desperta a consciência da vida medíocre que tenho levado. O que se soma a cartas de vocês contando coisas que fazem, o que aumenta minha impaciência.

Francamente, não estou muito entusiasmado com a ideia de voltar (a gente já começa a gostar desta terra decadente e as notícias que nos vêm do Brasil são as mais desencorajadoras possíveis...), mas resolvi tentar fazer ainda algo de construtivo na vida antes de entregar de vez os pontos. Acho que a televisão educativa, em princípio, é um campo aberto para se fazerem — ou se tentar fazer — coisas boas.

Essa vida sedentária, passiva, na Europa, está ficando sem sentido e a gente sente necessidade de ver-se integrado, bem ou mal, nalgum processo ou atividade criativos. Vou disposto a jogar uma boa cartada nesse negócio de TV educativa.

Talvez dê com os burros n'água. Mas é preciso tentar. Eu deverei, em princípio, trabalhar para a Fundação Padre Anchieta, da TV Educativa em São Paulo, cujo pedido de bolsa para mim foi decisivo. Mas, na medida das possibilidades de tempo e trabalho, pretendo oferecer minha colaboração também a outros setores, como, por exemplo, a Escola de Comunicações da USP.

Em agosto de 1968 terminou o contrato com a BBC. Clarice e as crianças voltaram; Vlado e Jordão ficaram mais três meses estudando no Centro de Televisão da BBC, com bolsas de estudo fornecidas pelo governo inglês, graças às cartas de apresentação em que a Cultura manifestava a disposição de contratá-los, quando voltassem ao Brasil.

Quando a família de Vlado chegou a São Paulo, o país vivia um momento agitado.

Para a minha turma, tudo era festa: em muitas noites a bordo do jipe laranja de Sergio Gomes, o Serjão, cruzávamos

Vlado com os pais, Clarice e Ivo, o primogênito do casal. Londres, 1967.
(Instituto Vladimir Herzog)

ruas e avenidas de Santo Amaro em busca dos muros onde pichar protesto contra a ditadura: "Vote nulo, vote na UNE".

Inicialmente toleradas pela polícia estadual do governador Abreu Sodré, um ex-udenista que se orgulhava do passado liberal, as passeatas foram se radicalizando. A repressão, por sua vez, tornava-se mais e mais violenta. Trocamos pedras por rojões, enquanto a polícia substituiu os tiros de festim por balas de verdade. A escalada culminou com a invasão da Universidade de Brasília em agosto e com um discurso do deputado Marcio Moreira Alves, logo transformado em pretexto para uma crise política, quando a Câmara dos Deputados negou a autorização para que ele fosse processado, numa demonstração de autonomia. A linha dura do regime militar viu ali o estopim necessário para um golpe dentro do golpe — o AI-5.

Já com a volta marcada, Vlado viajou para Roma, onde encontraria mais uma vez Fernando Birri. No domingo, 15 de dezembro, Clarice foi para o aeroporto, mas ele não apareceu. Seu telegrama, avisando que iria demorar mais uns dias, chegou atrasado. Na véspera da viagem, ele lera uma pequena nota num jornal italiano que anunciava: "Ditadura militar no Brasil".

Era o AI-5, baixado na noite de sexta-feira, 13 de dezembro de 1968. Numa só penada, o presidente da República ficava oficialmente autorizado a decretar o recesso do Congresso Nacional; intervir nos estados e municípios; cassar mandatos parlamentares; suspender, por dez anos, os direitos políticos de qualquer cidadão; decretar o confisco de bens considerados ilícitos; e suspender a garantia do habeas corpus. Tudo isso sem que a Justiça pudesse contestar essas decisões. A imprensa foi imediatamente submetida à censura. Milhares de pessoas foram presas, e Vlado demorou duas semanas para voltar ao Brasil.

4 A hora da notícia

Quando Vlado se tornou jornalista, o Brasil vivia um período de efervescência econômica, política e cultural. Mas a consolidação da ditadura retirou parte da aura romântica e idealista da profissão. A censura e a profissionalização das empresas transformaram em carreira o que até então estava mais para a boemia ou para a ação política. (Talvez por isso demorei a me decidir pelo jornalismo, embora aos quinze anos, num teste vocacional, tivessem me apontado para a recém-criada Escola de Comunicações e Artes, então com um projeto menos amarrado a cursos profissionalizantes como opção preferencial.)

Ainda assim, o jornalismo tinha mais charme que a propaganda para Vlado, que aguentou apenas um ano como produtor de comerciais na tradicional agência de publicidade J. W. Thompson, única alternativa de trabalho depois que a TV Cultura, que contratara Fernando Jordão, descumpriu a promessa de garantir-lhe uma vaga, sob a acusação de ser comunista.

Em 1970, ele começou a escrever matérias para a *Visão*, inicialmente como freelancer. A revista não tinha grande circulação, mas acumulava prestígio ao ultrapassar os limites da cobertura de economia. Uma das primeiras matérias assinadas por Vlado, publicada na edição de 26 de setembro de 1970, fazia uma radiografia completa das TVs educativas. O título já antecipava o conteúdo: "A tele-educação reprovada". A reportagem criticava a audiência ínfima das emissoras educativas de São Paulo e do Recife, denunciava a ineficiência da TV como instrumento de propagação da educação formal e disparava contra o ministro da Educação, Jarbas Passarinho, que pouco antes havia se vangloriado do entusiasmo dos prefeitos diante da possibilidade de terem uma emissora do gênero em suas cidades:

> Finalmente, se você é um desses sinceros e bem-intencionados ministros de Estado que viam no uso da tecnologia uma oportunidade inigualável para superar, de um salto, os entraves estruturais do obsoleto sistema educacional brasileiro, então, excelência, saiba que o que já se fez e se está fazendo no país em matéria de educação por rádio e TV (com raras e notáveis exceções) pode ser definido sem susto como uma grande síntese antipedagógica quanto ao conteúdo e uma feira de diletantismo, mais ou menos pretensioso, quanto às técnicas e soluções criativas.

Vlado listou experiências e tropeços de emissoras educativas de norte a sul, os esforços do governo para mudar o quadro, o drama de formação de professores, antes de colocar duas perguntas cruciais: rádio e TV poderiam ser pontas de lança de um sistema didático e pedagógico moderno? E esse processo seria rentável? A conclusão foi de que era mais eficiente pagar um professor particular para cada aluno diplomado. Pior: a maior parte das teleaulas não passava de uma reprodução dos sistemas mais antiquados de ensino, que só serviam para enriquecer os donos de cursinhos particulares, que ganhavam muito oferecendo vagas em salas onde alunos esforçados e malsucedidos assistiam à televisão.

Vlado sugeria que se avaliassem as experiências estrangeiras bem-sucedidas, concedia raros elogios e registrava o esforço que a TV Universitária do Recife e a Cultura faziam em busca de audiência. A matéria rendeu-lhe um convite para trabalhar no Recife, que não prosperou.

Finalmente, assumiu a editoria de Cultura da *Visão*. O produto mais lembrado de sua passagem pela revista é a capa que apresentava uma jovem de olhos vendados e uma pergunta: "O que há com a cultura no Brasil?". Escrita a quatro mãos com Zuenir Ventura, chamava o golpe de Revolução de 1964, como queriam os militares, mas desvendava o vazio cultural daquele início dos anos 1970.

O texto indicava dois fatores como principais responsáveis pela crise da cultura: o AI-5 e a censura. Depois de relembrar Brasília, o Cinema Novo, a bossa nova, o Arena, os concretistas do início dos anos 1960, batia firme:

> O quadro atual, ao contrário, oferecia uma perspectiva sombria: a quantidade suplantando a qualidade, o desaparecimento da temática polêmica e da controvérsia na cultura, a evasão dos nossos melhores cérebros, o êxodo dos artistas, o expurgo nas universidades, a queda de venda dos jornais, livros e revistas, a mediocrização da televisão, a emergência dos falsos valores estéticos, a hegemonia de uma cultura de massa buscando apenas o consumo fácil.

E ainda apontava o dedo para a censura, responsável pela proibição de mais de cem peças de teatro, trinta filmes e

61 músicas. E, entre eles, absurdos como o veto a Sófocles e Michelangelo — um pôster com a reprodução da estátua de David fora considerado imoral.

Em parceria com Luiz Weis, dois meses depois, emplacou outra reportagem que começava com um elogio, para poder veicular uma crítica contundente. O alvo era o Movimento Brasileiro de Alfabetização,[1] o mais ambicioso programa social do regime militar, que distribuíra 1,5 milhão de certificados de alfabetização, mas não havia resultado em educação efetiva, já que apenas 3% dos alfabetizados tinham conseguido se matricular em outros cursos.

Na Cultura, depois de produzir muitos programas educativos, Fernando Jordão conseguira, finalmente, estrear *Foco na Notícia*, uma revista semanal que apresentava três ou quatro assuntos, em quarenta minutos, toda sexta, às nove da noite. A equipe era enxuta: Nemércio Nogueira na apresentação e Gabriel Romeiro[2] como editor internacional. O passo seguinte foi transformar o programa em diário, o que aconteceu em 1973. Para isso, Jordão teve de reforçar o time: como comentarista de Economia, escalou Marco Antônio Rocha, o Marquito, colega de Vlado na *Visão*, que passou a mostrar as consequências das medidas econômicas e do sobe e desce da Bolsa na vida das pessoas. Gabriel continuou como o editor de Internacional e Anthony de Christo[3] entrou no time para cuidar da área de Ciência e Tecnologia. Em junho de 1974, Vlado tornou-se editor do *Jornal da Cidade*, exibido na hora do almoço. Pouco depois, assumiu uma função decisiva no comando da equipe de trinta pessoas, entre as quais Narciso Kalili, Mylton Severiano da Silva, o Miltainho, e Palmério Dória Vasconcellos, que, anos mais tarde, recordariam como Herzog desempenhava sua função:

O Vlado chegava sempre no meio da tarde, aí pelas quatro e meia. Naquela época ele era uma espécie de secretário do telejornal. Era de chegar trabalhando: pegava a pauta, lia imediatamente com uma atitude muito sua, a de coçar alguns cabelos do alto da cabeça, de pé, e o papel na outra mão. Sua função era editar e botar no ar o telejornal que nós fazíamos, com uma equipe de mais ou menos vinte pessoas. Ou seja, às 21 horas em ponto, com script na mão, ele acompanhava da técnica os trinta minutos de *Hora da Notícia*, como um responsável e representante da redação, ali na hora no estúdio.

A *Hora da Notícia* enfrentou resistências internas e externas. José Bonifácio Nogueira,[4] o presidente da Fundação Padre Anchieta, temia a censura e a possível influência de Jordão no noticiário. O diálogo entre o presidente e o responsável pelo jornalismo da Cultura não era fácil, lembraria Jordão mais tarde:

— Jornalismo educativo não é jornalismo opinativo. O bom jornalismo não tem que ser opinativo. Quem opina é quem recebe a informação. O que um jornalismo educativo tem que fazer é fornecer ao espectador elementos para que ele tenha condições de formar sua própria opinião, seu próprio conceito sobre o que está acontecendo.

— Sim, mas isso pode ser subversivo, Jordão...

— Doutor José Bonifácio, talvez o senhor tenha razão. A gente pode ter problemas.

O presidente da Fundação queria um jornalismo diferente dos outros:

— Eu quero que a nossa TV dê notícias que os outros não deram.

Resposta de Jordão:

— Não, vamos dar as notícias que os outros deram, só que com outro enfoque. Se os outros não deram, é porque não aconteceu, ou porque não interessa.

O governo estadual cobrava mais cobertura do Palácio e das iniciativas do governador Laudo Natel. A ponto de Jordão criar um jargão próprio, o "escovão", para designar as matérias pautadas e exibidas apenas para dar uma satisfação ao Palácio. De vez em quando ele anunciava:

— Está muito pesado o jornal, hoje a gente está precisando de um "escovão" para limpar a barra.

A chefe da Divisão Cultural da TV, Nídia Lícia,[5] a quem Jordão era subordinado, não gostava do jornalismo da Cultura:

— Fernando, por que você me cria tanto problema? A gente assiste a televisão de noite, o Brasil é cor-de-rosa. Assiste a TV Cultura, o país é negro. E, além disso, o consulado americano não para de ligar para cá.

— Nídia, pegue o nosso jornal, não tem um adjetivo. São matérias objetivas. Só tem informação.

Com a equipe, Jordão era direto e claro:

— O primeiro filho da puta que me puser um adjetivo na matéria está na rua!

No dia 11 de setembro de 1973, a *Hora da Notícia* deu ampla cobertura ao golpe militar que culminou na morte do presidente Salvador Allende. Ao deixar a redação, de carona com Mylton Severiano, o Miltainho, Vlado desatou a chorar e vaticinou para o colega:

— Eles estão apertando o cerco. Vai endurecer aqui também.

Durante a epidemia de meningite, em 1974, um dos editores da *Hora da Notícia*, Georges Bourdoukan,[6] recebeu determinação do chefe da Casa Civil do governo paulista, Henri Aidar, para não noticiar o fato, porque poderia alarmar a população. Bourdoukan tentou argumentar: explicou ao secretário que a notícia tinha o objetivo de alertar os paulistanos e disse que ia dar a matéria. Pouco depois, recebeu um telefonema do próprio governador Laudo Natel, que reiterou a ordem. A matéria foi ao ar e na mesma noite Bourdoukan foi levado encapuzado ao DOI-Codi, onde alguém colocou um revólver em sua cabeça e apertou o gatilho. Não havia bala, mas o jornalista saiu apavorado de lá.

O governador Laudo Natel asfixiou a emissora financeiramente, até conseguir a saída de José Bonifácio e de outros diretores. Em março de 1974, no pátio interno, o novo presidente da Fundação, Antonio Guimarães Ferri, parou Jordão. Começou a falar sobre equipamentos e, de repente, anunciou:

— Aliás, o senhor não trabalha mais aqui.

— Como?

— O senhor não trabalha mais aqui. Eu tenho recebido muita pressão do II Exército para demitir o senhor. E o senhor está demitido. Mas se o senhor repetir isso aí fora eu desminto.[7]

Naquela noite, em sua casa, Vlado reuniu toda a equipe em torno do chefe recém-demitido. Embora vários jornalistas defendessem a demissão coletiva, prevaleceu o ponto de vista dele e de Jordão, para quem era mais eficiente tentar salvar o projeto de jornalismo. Mas, em junho, Walter Sampaio assumiu a direção de jornalismo e, aos poucos, os antigos integrantes do grupo foram sendo dispensados. Em dezembro, Vlado deixou a Cultura, que voltava a noticiar prioritariamente os atos do governo.

Paulo Markun e Dilea Frate, em primeiro plano, no I Encontro Nacional de Estudantes de Comunicação, em Goiânia, 1972. (Acervo do autor)

5 Bando de heróis

EM 1970, DEPOIS DE RECUSAR A "profissionalização" como secundarista, proposta pelo dirigente da APML, fui fazer o pré-vestibular no Equipe, enquanto completava o Clássico no curso noturno. Num bar próximo ao cursinho, fui apresentado a um sujeito magro, alto e sorridente, pouco mais velho do que eu, sotaque de nordestino, que dizia se chamar Lima.[1] Ele propôs que eu me juntasse ao Partido Comunista Brasileiro, que, naquele início dos anos 1970, se reestruturava, conquistando adeptos entre estudantes e profissionais liberais.

Boa parte de meus colegas do Alberto Conte e do movimento secundarista acabou entrando para o Partidão — entre eles Serjão e sua namorada, Neuza Fiorda,[2] Ricardo Moraes[3] e Marcelo Bairão, o Marcelinho.[4]

Para a alegria dos meus pais, que haviam suportado com galhardia aqueles tempos de passeatas e reuniões intermináveis, passei no vestibular. Com isso, fui atuar na universidade.

A maior parte da atividade política do Partidão era legal. Nossa militância incluía reuniões regulares em que recebíamos o órgão oficial do partido, a *Voz Operária*, discutíamos as possibilidades de ação política na escola, no centro acadêmico, na Juventude do MDB[5] e buscávamos arrecadar recursos para auxiliar no sustento das famílias de presos políticos ou para manter os dirigentes clandestinos, como Lima.

Nossa formação teórica acontecia em cursos de marxismo e economia política realizados na casa dos militantes, alguns dos quais ministrados pela filha do principal dirigente do partido, Luís Carlos Prestes. Quem se destacava podia ser selecionado para ir clandestinamente a Moscou estudar na Universidade Patrice Lumumba, mas nem eu nem meus amigos mais próximos chegamos a esse estágio.

A organização se estruturava em bases de militantes por escola ou local de trabalho. Na nossa, a da Escola de Comunicações e Artes da USP, a maioria tinha estudado no Alberto Conte — eu, Serjão, Neuza Fiorda e Ricardo Moraes.

Naquele início dos anos 1970, o movimento estudantil vivia o que no jargão da militância chamávamos de refluxo — e que refluxo! Desde o racha que jogara a maioria dos militantes universitários nos braços de Carlos Marighella[6] e seu projeto de uma via rápida e armada para derrubar a ditadura, processo que transformou o movimento estudantil em celeiro para os grupos de ultraesquerda. Muita gente boa, dedicada e corajosa morreu certa de que, desse modo, dava sua contribuição para mudar o país e o mundo.

Na esteira do AI-5, o decreto-lei 477, de fevereiro de 1969, punia com a expulsão da universidade alunos e professores que praticassem "atos destinados à organização de movimentos subversivos". A definição, genérica, fez com que o governo ou qualquer diretor de faculdade proibisse todo tipo de reunião ou debate.

Uma das nossas primeiras atividades no Partidão foi ajudar na campanha de dois candidatos a deputado. Eram José Chazin, ex-colega de Vlado no colégio e na Faculdade de Filosofia, e o engenheiro Alberto Goldman.[7] Chazin não chegou à Câmara dos Deputados, mas Goldman tornou-se deputado estadual.

Era tão difícil convencer nossos colegas a trocar o voto nulo pelo apoio a alguns candidatos do único partido de oposição quanto mobilizar os universitários a lutarem por melhores condições de ensino ou mais espaço na estrutura de poder da universidade. Com a ditadura a pleno vapor e a luta armada derrotada, muitos achavam inúteis e contraproducentes nossas tentativas de remar contra a maré, dentro dos limites possíveis. Melhor ridicularizar tudo e todos. Para isso, bastava usar roupas estranhas, deixar de pentear o cabelo, sentar na calçada em frente à faculdade para olhar o sol, ou promover corridas de tartaruga. O desbunde, avalizado pelo comportamento de Caetano e Gil, que tinham acabado de voltar de Londres, tinha na ECA seu polo mais ativo, se é que havia algo ativo naquela onda.

Era essa a conjuntura em que procurávamos organizar atividades culturais e estabelecer relações com outras faculdades, no campus e fora dele. Comemoramos os cem anos da morte de Castro Alves e os cinquenta anos da Semana de 22, ajudamos a editar o jornal-mural *A Ponte*, que noticiava atividades culturais e reivindicatórias em todo o campus da USP, e reproduzimos a matéria de Vlado e Zuenir sobre a crise da cultura para discuti-la nas classes.

Em 1972, a muito custo, conseguimos afinal realizar o I Encontro de Estudantes de Comunicação, em Goiânia, cujo documento final pedia a normalização da vida universitária, participação ampla dos estudantes nos processos de decisão, reformulação do currículo, oficialização das escolas particulares, regulamentação da profissão, fim da censura, ampliação do mercado de trabalho e controle dos meios de comunicação, para impedir que ficassem nas mãos de estrangeiros.

Dilea e eu fomos ao encontro. Estávamos casados havia apenas quatro meses.

No intervalo entre as plenárias, Serjão foi procurado por outro integrante da coordenação eleita entre universitários do país inteiro. Depois de uma conversa longa e esquisita, o sujeito admitiu que era agente do Cenimar.[8] Infiltrado, devia reportar tudo o que acontecia. Teria desistido da tarefa, ao se convencer de nossas boas intenções. Comentamos o incidente em nossas reuniões e a conversa morreu aí. Mais tarde — tarde demais — descobrimos que esse tipo de aproximação não era tão incomum assim: os organismos de segurança infiltraram agentes em instâncias muito mais organizadas e sigilosas que a de simples militantes universitários. E vários dirigentes do partido que viviam na clandestinidade foram abordados por agentes da CIA.

Aos poucos, nossas iniciativas começaram a dar resultado. Em 1972, elegemos os principais representantes dos alunos no Conselho Universitário da USP. Outros grupos políticos defendiam o boicote à eleição, mas, quando entramos em campo, mudaram de ideia e também apresentaram candidatos.

Em 1973, fui escalado como o cabeça da chapa que pretendia manter o controle do Partidão sobre o centro acadêmico pela terceira gestão consecutiva. Meu vice era José Vidal Pola Galé,[9] um risonho e gorducho militante. Para nos enfrentar, selou-se uma aliança entre os remanescentes de grupos de esquerda e os trotskistas que logo adiante formariam a Libelu.[10] Nossa chapa tentava compensar o nome manjadíssimo — Unidade — com um slogan que pretendia ser criativo: "Não somos um bando de heróis".

Os eleitores preferiram os heróis: fomos fragorosamente derrotados. A festa que comemorou a vitória da oposição juntou gente de toda a USP e varou a noite.

No último ano da faculdade eu já passava mais tempo na redação do que na sala de aula, o que não impediu que meu nome fosse incluído num relatório secreto da Polícia Militar sobre o movimento estudantil na USP. Não mereci mais do que seis linhas:

> Com referência a Paulo Sergio Markun, consta que é o representante dos alunos do Departamento de Jornalismo da Escola de Comunicações e Artes — C. A. Lupe Cotrim — e costuma combater frequentemente todas as ideias de implantação do ensino pago naquela universidade.

Fico pensando quanto se gastou, inutilmente, com esse tipo de relatório sempre carimbado como confidencial, secreto, reservado. Que eu era o representante dos alunos, até o bedel da escola sabia. E que era contra o ensino pago, também.

Não sofri muito com a derrota para o centro acadêmico: embora continuasse cursando a faculdade e continuasse vinculado à universidade como militante, o jornalismo me envolvia cada vez mais.

Minha primeira experiência profissional relevante, depois de uma rápida — e frustrada — passagem pelo *DCI*[11] entre setembro e outubro de 1971, também acontecera no *Estadão*, ao lado de Augusto Nunes,[12] meu colega de faculdade, e de Hamilton Octavio de Souza.[13] Ao final daquele mês de estágio, Hamilton e eu deixamos o jornal. Augusto seguiu trabalhando sem remuneração. Em fevereiro de 1972, os três foram contratados.

Ao contrário do que ocorria no final dos anos 1950, quando Vlado entrou no jornalismo, no tempo em que ingressei o noticiário político inexistia. Logo depois, em agosto de 1972, o *Estadão* passou a ser submetido à censura prévia. O temor do governo militar era que o jornal publicasse que Ernesto Geisel fora escolhido para suceder ao presidente Emílio Garrastazu Médici. A suspeita de que o jornal publicaria a informação levou policiais armados a cercarem o prédio enquanto um censor e quatro agentes da Polícia Federal vasculhavam a redação, sem nada encontrar. O fato era verdadeiro, mas o jornal nem ia noticiá-lo. Três semanas mais tarde, a pretexto de uma entrevista em que o marechal Cordeiro de Farias elogiava o ex-presidente Castelo Branco, os censores passariam a verificar tudo o que era redigido.

Com a política interditada, fui me especializando nos problemas das cidades e nos projetos sonhados por técnicos bem-intencionados, que esperavam impedir a consumação da tragédia urbana com suas ideias e pranchetas. Em agosto de 1973, um salário duas vezes maior levou-me para a *Folha de S. Paulo*, que começava a tentar competir com o *Estadão*.

Enquanto continuava ouvindo prefeitos, técnicos e urbanistas, Geisel, sacramentado como sucessor pelo próprio Médici, preparava seu futuro governo.

Mesmo sabendo que o resultado já estava previamente definido, o MDB resolveu participar do processo. A anticandidatura fora sugerida ao secretário-geral do MDB, Thales Ramalho, quase um ano antes, por Luís Maranhão, responsável pelos contatos políticos do Partidão, como forma de ampliar o espaço de atuação da oposição parlamentar.

Na manhã de sábado, 22 de setembro de 1974, Ulysses Guimarães[14] subiu na tribuna da Câmara e resumiu com poesia e firmeza o que estava para acontecer quatro meses depois:

Não é o candidato que vai percorrer o país. É o anticandidato para denunciar a antieleição, imposta pela anticonstituição que homizia o AI-5, submete o Legislativo e o Judiciário ao Executivo, possibilita prisões desamparadas pelo habeas corpus e condenações sem defesa, profana a indevassabilidade dos lares e das empresas pela escuta clandestina, torna inaudíveis as vozes discordantes, porque ensurdece a Nação pela censura à imprensa, ao rádio, à televisão, ao teatro e ao cinema.

Como previsto, Geisel recebeu quatrocentos votos contra 76 — a esquerda do MDB, composta pelos chamados autênticos, se absteve. Perto dali, duas companhias de infantaria estavam de prontidão, preparadas para encerrar a reunião do colégio eleitoral, caso ocorresse algo fora do planejado.

O futuro chefe da Casa Civil, Golbery do Couto e Silva, tentou incluir no discurso de posse do novo presidente sinais de sua disposição de abrir o regime, mas Geisel cortou todas as referências nessa direção. Sobreviveu uma única frase. Nela, o general-presidente se dizia "aberto a quaisquer pleitos, sugestões ou críticas construtivas, todas merecedoras de acolhida". Quando vislumbraram em tal passagem uma perspectiva de mais liberdade, o presidente se irritou: "Como é que o bestalhão conclui que pelo fato de eu receber a crítica construtiva vou dar liberdade? Pois se eu disse lá que não ia abrir mão dos instrumentos que eu tinha. É vontade de enganar a si mesmo".

No balanço dos dez anos da chamada Revolução de 1964 publicado em março de 1974 na *Visão*, Vlado e Zuenir faziam um voo panorâmico da cultura, relembrando as iniciativas do CPC da UNE, alguns sucessos do Cinema Novo e o memorável *Show Opinião* para classificar aquele engajamento de ilusão. Em seguida, a matéria avançava rumo a 1968, passando pelos festivais e pelas telenovelas, para desembocar no Tropicalismo.

O texto denunciava a perda de vontade de interferir na realidade por parte dos produtores culturais, mais preocupados com forma que com conteúdo. Criticava a queda de qualidade na produção cinematográfica, literária e teatral, a multiplicação de cursos superiores, a diáspora de Chico Buarque, Geraldo Vandré, Caetano e Gil,[15] o esvaziamento da Bienal de São Paulo. E só via alento no sucesso do *Pasquim*, que parecia indicar uma época de ouro do cartum. Mas, ao final, vislumbrava alguma luz para além da lamentação e do masoquismo:

> O mergulho nas trevas do lamento e da impotência foi tão profundo que alguns se perderam pelos subterrâneos, ficaram na margem ou escolheram as viagens permanentes. Mas muitos cansaram-se de se lamentar, talvez com medo de se tornarem tristes heróis de uma "guerra acabada". Estão voltando a querer, isto é, estão recuperando a vontade para voltar a fazer — apesar de tudo.

Na apresentação do depoimento de artistas e intelectuais que não haviam desistido, a reportagem reafirmava que "emergindo do vazio e da fossa, sofrida e amadurecida, a cultura brasileira talvez tenha reencontrado, além da vontade, a esperança de que a liberdade tão invocada lhe possa ser por fim devolvida. Não como favor concedido, mas como direito adquirido".

Vlado e Zuenir ouviram o economista Carlos Estevam Martins, o diretor de teatro José Celso Martinez, o poeta Augusto de Campos, a antropóloga Ruth Cardoso. Mas polêmica mesmo provocou a carta enviada por Glauber Rocha[16] a Zuenir, publicada como depoimento:

Acho Delfim Netto burro, idem Roberto Campos. Chega de mistificação. Para surpresa geral, li, entendi e acho o general Golbery um gênio — o mais alto da raça ao lado do professor Darcy. Que Celso Furtado é a metáfora do Terceiro Mundo dragado pela Wall Street Scout. Que Fernando Henrique é o príncipe de nossa sociologia. Que leio e curto a revista *Argumento*. Que Chico Buarque é o nosso Errol Flynn. Que entre a burguesia nacional-internacional e o militarismo nacionalista eu fico, sem outra possibilidade de papo, com o segundo.

Geisel e seu gênio da raça estavam preocupados com a política, não com a cultura. Na eleição indireta dos governadores, Geisel impôs sua vontade de norte a sul. Em São Paulo, escolheu Paulo Egydio Martins,[17] ex-ministro da Indústria e Comércio do governo Castelo Branco, fazendo com que o ex--czar da economia Delfim Netto enfiasse a viola no saco e fosse a Paris como embaixador.

Mas, para os cargos preenchidos a partir do voto direto, a oposição avançou muito. O SNI atribuiu o resultado à atuação das esquerdas em prol dos candidatos do MDB, mas Geisel assimilou o golpe: "Eleição é isso mesmo! O povo vota livre e, normalmente, no contra. E nós temos que respeitar. É isso, e pronto".

No dia 2 de janeiro de 1975, quando o *Estadão* ia comemorar seu centenário, o governo suspendeu a censura prévia sobre o jornal. Golbery fora um incentivador da medida:

> Tirando-se a censura do *Estado de S. Paulo*, não vai emergir um jornal de esquerda, nem hostil ao regime. Sairá o jornal conservador que ele é. Mais conservador do que eu. Hoje, no lugar dos textos censurados, o *Estado* publica versos de Ca-

mões e os leitores pensam que lá havia uma importante denúncia. Nem sempre há.

A censura continuou na revista *Veja*, dirigida por Mino Carta,[18] no jornal da Cúria Metropolitana, *O São Paulo*, por causa do cardeal de São Paulo, dom Paulo Evaristo Arns,[19] na *Tribuna da Imprensa* e no *Opinião*.

6 Operação Radar

A PRIMEIRA LEVA DE PUNIÇÕES veio logo após o golpe de 1964, por meio de um ato institucional sem número, baixado no dia 9 de abril. Seu artigo primeiro mantinha a Constituição de 1946, mas o seguinte instituía a eleição indireta (pela maioria absoluta de deputados e senadores) do presidente e do vice para um mandato que deveria terminar em 31 de janeiro de 1966. Os revolucionários autoproclamavam o direito de, no interesse da paz e da honra nacional, e sem as limitações previstas na Constituição, "suspender os direitos políticos e cassar mandatos legislativos federais, estaduais e municipais por dez anos, sem que a Justiça pudesse rever tais decisões".

A primeira lista tinha 102 nomes — dos quais 41 eram parlamentares. Encabeçada pelo presidente deposto, João Goulart, incluía Jânio Quadros, Luís Carlos Prestes, Miguel Arraes e Leonel Brizola. E ainda Rubens Paiva, Plínio de Arruda Sampaio, Celso Furtado, Abelardo Jurema, Almino Afonso, João Pinheiro Neto, Darcy Ribeiro, Raul Ryff, os generais Osvino Ferreira Alves e Assis Brasil, o almirante Cândido Aragão, o dirigente da CGT Dante Pelacanni e dois dos três organizadores do comício da Central — Hércules Correa e Osvaldo Pacheco (o terceiro, José Gomes Talarico, seria cassado cinco dias mais tarde, em outra leva). Foram expulsos das Forças Armadas 122 oficiais.

Esse primeiro ato também suspendeu a estabilidade e a vitaliciedade de cargos públicos por seis meses e autorizou a instalação de investigações sumárias — provocando uma enxurrada de inquéritos policiais militares para apurar denúncias de subversão e corrupção. De acordo com o arquivo Brasil Nunca Mais, organizado pela Cúria Metropolitana de São Paulo, em 707 Inquéritos Policiais Militares (IPMs) instaurados entre 1964 e 1979 foram determinadas 4841 punições oficiais, das quais 2990 ainda em 1964. Nem acesso às acusações foi assegurado aos acusados e perseguidos pelos novos donos do poder.

Combinando regras cada vez mais duras para o jogo político, infiltração, prisões ilegais, tortura e assassinatos, a repressão foi reduzindo paulatinamente o espaço de resistência e oposição. Num primeiro momento, surpreendida pela audácia das ações urbanas, a polícia chegou a enxergar nos assaltos a banco realizados por organizações clandestinas a ação de bandidos comuns. Mas, em junho de 1969, surgiu a Operação Bandeirantes[1] e o jogo mudou.

Financiada por empresas multinacionais, como o Grupo Ultra, a Ford, a General Motors e outros, a Oban reunia militares das três armas, policiais do Dops, da Polícia Federal, da Polícia Civil, da Força Pública e da Guarda Civil, centralizando e coordenando as atividades de investigação e combate. São Paulo foi escolhida para acolher esse plano-piloto, porque na época era considerada o "centro de irradiação dos movimentos de contestação violenta ao governo".

A imprensa, sob censura, garantia que a ação repressiva acontecesse sem controles ou limites. Multiplicaram-se os assassinatos de militantes, normalmente apresentados como enfrentamentos em combate, tentativas de fuga ou suicídios.

Em setembro de 1970 foram criados dois órgãos diretamente ligados ao Exército: o Destacamento de Operações e de Informações (DOI), responsável pelas ações práticas de busca, apreensão e interrogatório de suspeitos, e o Centro de Operações de Defesa Interna (Codi), cujas funções abrangiam a análise de informações, a coordenação dos diversos órgãos militares e o planejamento estratégico do combate aos grupos de esquerda. Os dois órgãos eram distintos mas complementares, e passaram a ser apresentados sob a mesma sigla — DOI-Codi. Na prática, era a institucionalização da Oban, com base em diretrizes secretas formuladas pelo Conselho de Segurança Nacional e aprovadas pelo presidente da República, o general Emílio Garrastazu Médici.

O levantamento mais completo da ação do DOI-Codi foi feito por Marcelo Godoy, repórter do jornal *O Estado de S. Paulo* que passou dez anos investigando a organização e entrevistou 25 de seus ex-integrantes, garantindo-lhes anonimato. No livro *A casa da vovó* (São Paulo, Alameda, 2014, 612 páginas), Marcelo demonstra como a estratégia da repressão "evoluiu" do assassinato dos adversários, disfarçado sob diversas maneiras — suicídios, enfrentamentos armados, tentativas de fuga —, para os desaparecimentos, e de que maneira a combinação de infiltração, prisões ilegais, tortura e morte foi capaz de dizimar todas as organizações consideradas subversivas.

No caso do Partidão, os golpes mais duros foram precedidos de uma ação à luz do dia e com o dedo do serviço secreto norte-americano: no dia 3 de dezembro de 1972, quando o

Jornal do Brasil publicou uma entrevista de um certo agente Carlos. Integrante do comitê central do PCB, declarava-se arrependido de sua militância e fazia várias revelações. Uma semana depois, o jornal identificou o agente como Adauto Alves dos Santos, que durante anos fora do Comitê Central. A entrevista levou a direção do PCB a suspeitar que Adauto tivesse sido cooptado pelo serviço secreto norte-americano, a CIA.

No final de 2011, a revista *Época* confirmou as suspeitas ao divulgar documentos secretos do Cenimar. Três meses antes da entrevista concedida ao *JB*, um relatório secreto registrava a criação de dois grupos de trabalho, um em Brasília e outro no Rio, ambos com representantes do SNI, do Cenimar e da CIA, para ouvir em segurança e sigilo o "elemento infiltrado" pela CIA no Movimento Comunista Internacional (MCI). O homem foi tratado como "sr. Sombra". O documento já indicava a intenção de conseguir uma entrevista do agente a algum meio de comunicação. A reportagem da *Época* menciona vários militantes que acabaram colaborando regularmente com a repressão.

Em novembro de 1973, o comitê central do PCB reuniu-se no Brasil pela última vez antes de ser dizimado. A ideia de retirar seus integrantes do país foi levada a votação, diante do risco de que fossem localizados, presos e assassinados — as prisões e os desaparecimentos já haviam começado. A proposta foi derrotada por maioria e resolveu-se que apenas um terço dos dirigentes deixaria o país.

O projeto de abertura política imaginado por Geisel e Golbery não admitia qualquer tolerância para com o que fosse encarado como oposição subversiva. Na visão de Geisel, a subversão não acabaria nunca. Por isso, para combatê-la, ele admitia inclusive matar os adversários do regime, desde que fossem tomados os necessários cuidados para impedir que o feitiço se voltasse contra o feiticeiro, como admitiu numa conversa com o general Germano Pedroso: "O que se tem que fazer é agir com muita inteligência, para não ficar vestígio nessa coisa".

Mesmo depois de ter deixado o poder, admitiu num depoimento a Maria Celina d'Araújo e Celso Castro, do cpdoc, da Fundação Getúlio Vargas: "Acho que a tortura, em certos casos, se torna necessária, para obter confissões".

Por essa época, um senhor caminhava rumo à casa de sua jovem namorada na Vila Formosa, na Zona Leste de São Paulo, quando foi abordado por dois negros. Um deles pediu-lhe fogo. Quando o homem parou, foi agarrado pelos braços. Apareceu então uma mulher de 1,70 metro de altura, com uma mecha branca no cabelo. Puxou o sujeito pela perna e levou um pontapé. Reação inútil: depois de levar uma coronhada, ele foi enfiado na parte de trás de um Fusca e obrigado a deitar-se no assoalho. A mulher sentou-se, colocou os pés sobre o preso e mandou que ele fechasse os olhos. Perguntou ainda se o homem queria comer algo e explicou que podiam conversar sobre qualquer coisa, menos sobre a razão da prisão.

O Fusca foi até um local perto da represa Billings. Ali, os dois agentes e a tenente Neuza (nome fictício) aguardaram a chegada de um superior. A parada seguinte foi num sítio utilizado como centro ultraclandestino de torturas pelo doi-Codi, conhecido como Colina ou boate Querosene.

Depois de um mês de torturas, o sujeito capitulou. De acordo com o depoimento dado para a revista *Veja* pelo ex-agente Marival Chaves,[2] Severino Teodoro de Mello tornou-se o agente Vinícius. Assinou um contrato de trabalho, recebeu uma soma em dinheiro e passou a delatar seus companheiros.

Versão semelhante, sem contudo identificar o nome do velho dirigente comunista cooptado pelo doi-Codi, está no livro de Marcelo Godoy, para quem a tenente Neuza forneceu detalhes da prisão. Marcelo registra que o acusado negou as acusações, mas não endossa sua versão:

> [...] Vinícius teve a tentação de viver. Em troca, permitiu que lhe sequestrassem toda uma vida. No relato dos agentes, traiu e ficou vivo. A morte foi o limite que não conseguiu enfrentar. Em vez da lembrança do martírio, a vontade de esquecer a covardia na hora obscura. Não era um canalha. Era um fraco. Só isso. Nem mesmo o único ele era. Havia outros, menos importantes, mas igualmente delatores: outros a quem se podia censurar por traições ainda mais abjetas e surpreendentes. Vinícius manteve-se em silêncio. Negou tudo — sempre — e passou as últimas décadas da vida rodeado pela névoa, de onde via surgir, de tempos em tempos, o fantasma de uma acusação que o lembrava de seu crime e desgraças. Poucos acreditaram nas revelações de Marival Chaves, o agente que primeiro o denunciou. Viram na acusação mais uma manobra para atingir o PCB e o seu então secretário-geral, Luís Carlos Prestes.

Em junho de 1974, diante do Alto-Comando das Forças Armadas, o general Geisel alertou para a necessidade de continuar combatendo a subversão, que podia sempre ser realimentada de fora. Deu ênfase ao que chamou de "medidas preventivas" sem descartar as medidas repressivas, "se necessário".

Dez dias mais tarde, o Relatório Especial de Informações nº 04/74, de 20 de junho de 1974, fechou o foco sobre o Partidão, apontado como "o maior perigo para as instituições democráticas". O documento listava nove razões que iam do fato de a organização ter os quadros mais capazes e de maior experiência à constatação de que se tratava do grupo mais eficiente na política de acumulação de forças, passando pelo reconhecimento de que os órgãos de segurança pouco haviam atacado o PCB até então.

Foi nesse contexto que surgiu a Operação Radar, cujos detalhes só seriam revelados por Marival Chaves.

A avaliação dos organismos de segurança exagerava a força do Partidão, mas a organização vinha conquistando espaço não só entre os universitários, como também entre os jornalistas.

Enquanto tudo isso se processava, na redação da revista *Visão*, para onde fora depois de deixar a revista *Realidade*, Rodolfo Konder organizou uma base do PCB. A princípio, Vlado não participava. Mas, depois de acompanhar por meses as frequentes discussões entre seus colegas, mudou de ideia. A Clarice, ele deu uma explicação simples: "Só existem duas organizações no país com estrutura e condições de lutar contra a ditadura: a Igreja católica e o Partidão. Como judeu, não posso entrar para a Igreja...".

No dia 29 de janeiro de 1975, o ministro da Justiça, Armando Falcão,[3] apresentou em cadeia de rádio e televisão o primeiro resultado concreto do ataque ao PCB: o desmantelamento de duas gráficas encarregadas de imprimir o jornal oficial do partido, a *Voz Operária*. Falcão disse que a subversão não estava morta, assinalou o trabalho dos comunistas em favor de candidatos nas eleições em que o MDB tivera seu grande avanço, mas classificou o Brasil de "ilha de tranquilidade".

A ordem para desmantelar o PCB tinha o aval de Geisel e a adesão entusiasmada do general Silvio Frota,[4] que, com a morte do general Dale Coutinho, trocara a chefia do Estado-Maior pelo Ministério do Exército. Como o Centro de Informações do Exército fora transferido do Rio de Janeiro, a ação contra os comunistas passou a apoiar-se no DOI-Codi de São Paulo, não importava onde fosse a operação.

O coronel José Barros Paes, na época chefe da seção de Informações do II Exército, admitiu a Marcelo Godoy que a ordem de Frota incluía não apenas ações repressivas, como uma campanha anticomunista pública — e essa conjugação seria fatal para Vlado.

No dia seguinte ao pronunciamento do ministro da Justiça, na condição de repórter da *Folha*, eu pude acompanhar a equipe da Polícia Federal encarregada de mostrar aos jornalistas a gráfica alternativa do partido, também descoberta. Ficava na rua Gonçalves Figueira, no bairro da Casa Verde. Aparentemente, nada denunciava que existia nela uma gráfica. Um registro de água fazia com que uma estante se movesse no quarto ao lado, dando acesso a uma abertura pela qual se chegava a uma espécie de porão, onde estavam sendo instalados equipamentos de impressão. O superintendente regional da Polícia Federal em São Paulo, Gilberto Alves da Cunha — que mais tarde teria uma participação interessante na minha história —, foi quem deu as informações sobre o local, sem explicar como tinham chegado até ali.

Comentei com vários companheiros do Partidão que um local tão dissimulado só poderia ter sido descoberto por meio da confissão de quem o frequentava. Conversamos sobre o sofrimento que tal informação devia ter custado. Mas não imaginei que fosse conhecer de perto o método utilizado para isso.

O editorial da *Voz Operária* de dezembro de 1974, uma das últimas edições impressas na gráfica clandestina do Rio, conclamava os militantes a "apertar o cerco" contra a ditadura e identificava na vitória do MDB um julgamento do regime. Para o jornal dos comunistas, as massas estavam menos atemorizadas pela repressão fascista, e a oposição crescia dia após dia:

A participação popular entusiasta na campanha oposicionista se soma à ascensão do movimento grevista, principalmente em São Paulo, e às manifestações de irritação, como os quebra-quebras ocorridos no Rio de Janeiro, Brasília, para mostrar que as massas estão sabendo interpretar corretamente o enfraquecimento político do regime fascista e se lançam com mais desenvoltura à ação de luta por seus interesses.

O editorial simplesmente descartava qualquer concessão a propostas de "união nacional", "colaboração construtiva", "descompressão responsável". E conclamava os militantes a desdobrar esforços para cristalizar e desenvolver os embriões da frente patriótica antifascista, sem descuidar da repressão policial-militar contra o partido.

Cinco dias depois do estouro da gráfica do Rio, às onze horas da manhã, em plena rua, no bairro do Engenho de Dentro, um grupo de policiais prendeu o autor desse editorial, que ainda esboçou uma reação desesperada:

— Estão prendendo o deputado Marco Antônio Coelho![5]

Ressurgia, assim, num subúrbio do Rio, a condição que aquele mineiro havia perdido em 1964, ao ser cassado logo após o golpe militar. Desde então, tornara-se um dos principais dirigentes clandestinos do Partidão, usando vários nomes falsos — o mais conhecido, Jacques. No carro dele, um papel indicava as tarefas a realizar, escritas meio em código. Uma delas era a reunião do Comitê Central, marcada para dali a dois dias.

Sua prisão não foi noticiada imediatamente. A muito custo, Marco Antônio ganhou o tempo necessário para que seus companheiros desmontassem o encontro a que deveria comparecer como responsável por duas das cinco secretarias do partido — finanças e agitação e propaganda.

Durante dois dias, ele foi surrado pela turma do DOI-Codi do Rio, até ser transportado para São Paulo algemado, deitado no piso de um Fusca. Após horas no pau-de-arara, recebeu a visita do diretor do DOI-Codi, que lhe explicou friamente:

— Respeito sua ideologia, mas preciso de suas informações. Para obtê-las, poderei até tirar sua vida.

A Operação Radar não se limitava a prender os militantes do Partidão. Para os dirigentes, representava uma sentença de morte. No início de 1974, seis integrantes do Comitê Central sumiram sem deixar rastros: em março, David Capistrano da Costa e José Roman atravessavam a fronteira em Uruguaiana, vindos da Argentina, quando foram presos. Em abril, Hiram de Lima Pereira, Luís Inácio Maranhão Filho, João Massena Melo e Walter de Souza Ribeiro foram detidos em São Paulo e também desapareceram.

O irmão do ex-vice-presidente do general Costa e Silva, Pedro Aleixo, também foi preso. Muito torturado, foi parar no hospital. Morreu de enfarto. Outro dirigente, Élson Costa, sumiu. Em abril foi a vez de Jayme Amorim Miranda e Nestor Veras. Em maio, desapareceu para sempre Itair José Veloso.

Marco Antônio só escapou de ser levado para a Colina graças à atitude do recém-eleito senador Marcos Freire, do MDB de Pernambuco. Um dos parlamentares que o Partidão apoiara na eleição de 1974, Freire denunciou sua prisão a um grupo de jornalistas durante o almoço do Clube dos Repórteres Políticos do Rio.

A notícia saiu de modo discreto no *Jornal do Brasil* do dia 23 de janeiro. Durante três semanas, Marco Antônio continuou a ser torturado 22 horas por dia para responder à série de perguntas escritas, acrescidas da "munição" que indicava se o preso seria ou não barbarizado, que o setor de Análise do DOI-Codi fornecia a três equipes de interrogadores trabalhando num sistema de revezamento. A certa altura, ele conseguiu ler uma determinação escrita pelo chefe da Análise:

> Tratamento de Marco Antônio T. Coelho. Proibição de usar roupas, colchão, coberta, proibição de fumar e ler jornais; só pode tomar o café da manhã (pão e um caneco de café com leite) e uma colher de arroz no almoço e outra no jantar; só pode beber um caneco de água por dia (duas vezes, um caneco pela metade); deverá ser interrogado das nove da manhã até sete horas da manhã do dia seguinte, sem interrupção. Essa é uma determinação paras as turmas A, B e C, a fim de quebrar a pretensa superioridade intelectual e cultural desse elemento.

Nas cartas que escreveu para a mulher quando chegou a um presídio, Marco Antônio descreveu em detalhes os métodos utilizados por seus torturadores e o jogo que os militantes tinham de enfrentar para tentar driblar a brutalidade e manter alguma dignidade. Incluídas em seu livro de memórias, elas reconstroem seu calvário, sem resvalar para o exagero ou a mitificação. Marco Antônio teve tempo para examinar as máquinas de choque:

> Quando lá passei existiam três dessas máquinas. Elas são armadas em caixas de madeira, mais ou menos toscas. A menor, a que chamam de "pimentinha", foi pintada de vermelho; outra chamam de "brochômetro" e outra tem um dizer gravado — "saudações revolucionárias". Às vezes ligam em série duas ou três dessas máquinas ao mesmo tempo. No princípio, os fios são ligados nas mãos e/ou nos pés; depois passam para o pênis; em seguida "evoluem" para os tímpanos e a boca. Pela

minha experiência, a forma que provoca mais dor é a colocação dos fios nos tímpanos.

Num dos interrogatórios, ele flagrou outra recomendação do pessoal da Análise:[6] "De ordem da Presidência da República, deve ser feito um minucioso interrogatório sobre as ligações do PCB com o MDB, principalmente em função das eleições do ano passado".

Os contatos entre o PCB e os candidatos da oposição custaram-lhe oito interrogatórios de dez horas cada. Essas ligações também foram discutidas em nova reunião do Alto-Comando das Forças Armadas com o presidente. Geisel encarava o avanço da oposição como um alerta para o governo, estava preocupado com a infiltração esquerdista na imprensa e a atuação dos radicais no partido de oposição, mas, diante das novas táticas da esquerda, propunha mudar a forma de agir da repressão: "Não sou um fetichista nessa história, mas acho que nós devemos ter cuidado para que isso não vire um bumerangue contra nós".

Animado com os resultados obtidos pelo MDB, prova de que a luta legal, em todas as frentes, era o único caminho para derrotar a ditadura, e iludido com a distensão de Geisel, o Partidão pouco fez para evitar o golpe fatal.

No campo que eu conhecia melhor, por força da minha atuação como jornalista, busquei fazer minha parte. Fui um dos coordenadores de uma grande reunião entre sociedades de amigos de bairro e entidades profissionais de arquitetos, engenheiros e sociólogos. Para organizá-la juntamos nossos escassos militantes nessas áreas. O resultado foi o I Encontro da Comunidade — São Paulo, o povo e seus problemas. O objetivo declarado era reduzir a distância entre as autoridades e os habitantes de São Paulo, mas a meta oculta era demonstrar que, enquanto os prefeitos continuassem a ser escolhidos indiretamente, suas administrações seguiriam distantes das demandas sociais.

Na mesma época, organizei duas reuniões em minha casa com várias personalidades do mundo cultural — entre as quais Fernando Henrique, Paulo Duarte[7] e Carlos Guilherme Mota.[8] O motivo era uma tentativa de reeditar o Congresso Brasileiro de Escritores, que em 1945 ajudara a enterrar a ditadura Vargas. Nas duas ações — o Encontro da Comunidade e o projeto do Congresso de Escritores —, José Salvador Faro, responsável pela base dos professores da USP e pelo comitê cultural que estava sendo organizado, esteve presente como o encarregado por essas iniciativas junto ao Partidão. Vlado estava no sertão da Bahia em busca de cenários e sobreviventes da guerra de Canudos enquanto Marco Antônio Coelho enfrentava seus algozes. Como pré-produção de um *Globo Repórter*, no açude de Cocorobó, o documentarista conversou com alguns remanescentes da epopeia, entre eles a beata Lucinda, que aos 102 anos ainda tinha boa memória.

Um mês depois da prisão, Marco Antônio recebeu a mãe e a mulher, Terezinha, por dez minutos, dentro do DOI-Codi e na presença de três oficiais do Exército, que lhe haviam dado ordens expressas para que nada dissesse sobre o que havia passado. Ele conseguiu explicar à mulher que fora torturado, sendo imediatamente contestado pelos oficiais, que se apressaram em dizer que aquilo não ocorrera ali, mas no Rio de Janeiro. Marco Antônio replicou, dizendo que, na noite anterior, tinha recebido choques elétricos nos tímpanos.

Na saída, ameaçaram Terezinha para que ela nada revelasse sobre o que acontecera ao ex-deputado. Na sequência, o jornalista Marco Antônio Rocha (que deixara a *Visão* e trabalhava agora no *Jornal da Tarde*) apresentou-a ao diretor do jornal, Ruy Mesquita.[9] Além de relatar o que vira e ouvira, ela trazia consigo uma carta:

Senhor presidente

Após um mês de aflições e insegurança, período durante o qual eu, meus filhos, advogados e amigos batemos às portas dos ministérios da Justiça e do Exército, do Congresso, de guarnições militares e de delegacias do Rio e de São Paulo, na busca desesperada de uma informação correta sobre o paradeiro e a verdadeira situação de meu marido, o ex-deputado federal Marco Antônio Tavares Coelho — após tudo isso, senhor presidente, rompeu-se afinal o silêncio desumano e por dez minutos foi levantado, no DOI em São Paulo, o regime de incomunicabilidade em que ele se acha preso. E eu pude vê-lo.

Mas, senhor, o que vi foi o bagaço de um homem descarnado pela tortura e os maus-tratos. Meu marido perdeu em um mês cerca de trinta quilos; seus braços — que os algozes nem me procuraram esconder, como se houvesse o propósito de aniquilar-me com uma exibição de força ao mesmo tempo esmagadora e feroz, indubitável e impune — apresentam-se roxos e inchados, tais e tantas marcas visíveis dos golpes e picadas da tortura; estão desarticulados e as mãos insensibilizadas pelos choques elétricos que lhes aplicam... limitados às suas mãos agora insensíveis — mas também aos ouvidos, fato sem dúvida capaz de levar qualquer ser humano à loucura ou, na melhor das hipóteses, à surdez.

[...] Matem o meu marido, mas não o torturem! Não o aviltem, pelo amor de Deus! Peço a V. Exa. uma providência urgentíssima no sentido de fazer cessar a tortura, confiá-lo à justiça, levantar o silêncio e a incomunicabilidade que sofre, uma providência que faça conforme o que disse em seu pronunciamento pela televisão o senhor ministro da Justiça, isto é: que os presos políticos seriam processados e condenados legalmente pela justiça do país. E apresse-se, senhor presidente, se apresse ou a justiça e o mundo passarão pelo dissabor de vir a saber que a violência e a intolerância fizeram neste país mais um cadáver.

Respeitosamente,

Terezinha de Castro Tavares Coelho

Ruy Mesquita ficou estarrecido. Ligou para o ministro da Justiça, Armando Falcão. Este comentou com Golbery, que avisou Geisel. O presidente explodiu:

E eu sou obrigado a acobertar o cretino que fez isso! Sadismo! E nós na banana... Que coisa, como está esse Exército! Nossas providências são inócuas. Fico falando aqui e não adianta! Qualquer dia eu largo isto e vou embora! Entrego a esse coronel de São Paulo...[10]

Mudou de opinião em poucas horas e passou a acobertar o cretino que fizera aquilo. Quem o convenceu foi Silvio Frota, que exibiu um laudo de exame de corpo de delito assinado por Harry Shibata,[11] legista do Instituto Médico Legal de São Paulo. O documento descrevia Marco Antônio como "bem nutrido" e avalizava a suposta integridade física do preso.

Em nota oficial, Armando Falcão definiu o episódio como mais um lance na campanha dos comunistas contra o governo. Sem destaque, o *Jornal da Tarde* e o *Estadão*, que já tinham se livrado da censura prévia, traziam, no final da matéria sobre o caso, um adendo que fazia toda a diferença: a íntegra da carta de Terezinha. Na noite de 25 de março, uma chamada pelo interfone interrompeu o jantar do governador Paulo Egydio, que foi avisado pelo porteiro da presença de Eurico Prado Lopes, presidente do Instituto de Arquitetos do Brasil e um dos organizadores do nosso Encontro da Comunidade, e de sua mulher, Maria Helena:

> Imaginei que fosse isso: depois de um cinema ou jantar, viram luzes no Palácio e resolveram me visitar. Havia dois casais conosco e eles entraram naquele papo meio furado. Percebi que Eurico estava ansioso, fazendo sinais de que queria conversar a sós. Os outros casais foram embora. Ele e Maria Helena expuseram o que se passava: o pai de Maria Helena, irmão do marechal Ademar de Queirós, ele mesmo general com militância na Revolução, embora já reformado, tinha recebido um aviso de que o genro ia ser preso pelo DOI-Codi.
>
> Nessa tarde, o escritório de Eurico e a sede do Instituto dos Arquitetos do Brasil tinham sido praticamente destruídos: eles tinham aberto arquivos, virado mesas, levado papéis.
>
> Isso era tão violentamente contra tudo o que eu sentia e pensava que levei um choque. Àquela hora da noite, acordei vários ministros de Estado. O marechal Ademar de Queirós [...] era padrinho de Maria Helena.
>
> Falei com meia dúzia de pessoas e, no dia seguinte, antes das oito horas, o sogro de Eurico recebeu um recado dizendo que tinha sido suspensa a ordem de prisão contra ele.

Eurico dormiu no próprio Palácio com a mulher. Do lado de fora, uma viatura do DOI-Codi ficou de plantão a noite toda. Na manhã seguinte, Geisel reclamou da perseguição "sem objetivo" do arquiteto e do temperamento do governador, que classificou de "nervosinho". No aniversário da "revolução", no Círculo Militar, o comandante do II Exército, Ednardo D'Ávila Melo,[12] deu outra versão para a história:

> Ainda outro dia, quando eu estava em Brasília, um general recebeu um telefonema daqui falando da prisão de um arquiteto. Telefonei para São Paulo e soube que não houve prisão alguma. Quando voltei, fiquei sabendo dos detalhes. Tinham telefonado para o governador e para o general Golbery falando sobre a prisão e ninguém, nem a polícia, tinha pensado na prisão deste arquiteto. Mas alguém foi lá, como se caracterizado de policial, para assustar este arquiteto. Vejam bem de que maquinações estes homens são capazes.

7 Rotas de opinião

EM 23 DE OUTUBRO DE 1972, o empresário Fernando Gasparian[1] lançou o semanário *Opinião*. Ele e o editor do jornal, Raimundo Pereira, começaram a se estranhar no lançamento da publicação — a que o editor nem compareceu.

Num dos primeiros números, quando Gasparian deu a Raimundo um artigo do arquiteto Oscar Niemeyer, ele publicou como se fosse uma carta de leitor. Tempos depois, Paulo Francis deixou de colaborar no jornal, dizendo que estava sendo censurado. E quando Raimundo publicou também como carta um artigo do jornalista e escritor Franklin de Oliveira, Gasparian deu o basta. Por indicação do ex-secretário de imprensa de Jango, Raul Ryff, contratou Argemiro Ferreira,[2] colega de Ryff no departamento de pesquisa do *Jornal do Brasil*.

A essa altura, Raimundo e a maior parte da equipe já preparavam outro jornal. O *Movimento* circulou entre 1975 e 1981. Era uma cooperativa de jornalistas, teve apoio de boa parte da intelectualidade de esquerda e corria na mesma faixa que o *Opinião*. O novo jornal buscou desmoralizar o *Opinião*, acusando Gasparian — e quem com ele colaborasse — de estar a serviço do general Golbery e do projeto de distensão política do presidente Ernesto Geisel.

No comando do *Opinião*, Argemiro tentou reagir: fez uma capa com nomes de peso — I. F. Stone, Noam Chomsky, Henfil, Darcy Ribeiro, Paulo Francis (que voltara a colaborar). O jornal anunciou a saída coletiva da antiga redação, que se demitira em solidariedade a Raimundo, e procurou identificá-la como um ato de personalismo. Prometendo manter a mesma linha editorial, agradeceu a colaboração dos que saíam e manifestou disposição de colaborar "na publicação que eventualmente venham a fundar". Na página 3, um artigo do sociólogo Fernando Henrique Cardoso, que era do conselho editorial do *Opinião*, mas aceitara ser um dos fundadores do *Movimento*, pretendia deixar claro que nada havia mudado. Mas a censura cortou o texto e até o nome do autor na capa, reforçando a ideia de que tal acordo com Golbery realmente existia. Um empurrão a mais para destruir a reputação do jornal.

Vlado foi indicado para dirigir a sucursal de São Paulo do *Opinião* por dois dos melhores amigos de Gasparian: Fernando Henrique Cardoso, diretor do Cebrap,[3] e Fernando Pedreira, diretor de redação do *Estadão*. Insatisfeito com os rumos da *Visão*, que em setembro de 1974 fora comprada pelo empresário Henry Maksoud,[4] Herzog aceitou a proposta. Alguns dias depois, o jornalista Bernardo Kucinski, o primeiro a se envolver com o projeto do *Opinião*, ainda em Londres, foi à sucursal para cobrar Vlado pela adesão ao jornal que acusavam de colaboracionista.

Vlado ficou pouco no posto — tirou uns dias para acompanhar Clarice aos Estados Unidos e pediu que eu o substituísse. Para acertar minha presença temporária no comando da sucursal paulista, pegamos um trem noturno e fomos até a sede do jornal, no Rio. Mal entramos na sala de Argemiro, este cobrou duramente uma matéria sobre a organização católica ultradireitista TFP — Tradição, Família e Propriedade —, que fora a capa do jornal e que não tivera a esperada participação de São Paulo. Vlado ainda tentou explicar que o material não ficara pronto a tempo, mas não adiantou: o troco veio abaixo da linha-d'água e minutos depois, aos gritos, ele deixou a sala e pediu demissão. Fiquei olhando para o sujeito, que acabara de conhecer, sem saber o que fazer ou dizer.

Argemiro me pediu que cuidasse da sucursal, como previsto. Concordei, explicando que faria isso até a situação ser resolvida. Reencontrei Vlado na sala de Gasparian, que deu a entender que tudo se resolveria quando ele voltasse da viagem aos Estados Unidos.

O nome de Vlado nem chegou a constar do expediente do jornal. Nas primeiras semanas, porque continuava vinculado à *Visão*; depois, na volta dos Estados Unidos, por já ter outros planos.

Assim, tornei-me o responsável pela sucursal. Encomendava matérias que acabavam vetadas pelos censores, participava das reuniões no Cebrap com o conselho editorial do jornal (Chico de Oliveira, Paul Singer, Francisco Weffort, Luciano Martins e Fernando Henrique) e ia semanalmente ao Rio para ajudar no fechamento, cada vez mais complicado em razão da censura feita em Brasília, após a qual sobrava menos até do que os grandes jornais podiam publicar.

De vez em quando, algum artigo mais crítico, como o que tratava da ação social do governo e a tese, sempre repetida pelo ministro Delfim Netto, de que crescimento econômico poderia ser um bem em si, escapava à censura. O texto condenava o uso dos impostos sobre operações financeiras para sustentar fusões de bancos privados:

> Em outras palavras, quando um banqueiro perde, socializam-se as perdas e mais ainda, com dinheiro público, criam-se condições especiais de financiamento para dar de mão beijada a poderosos grupos econômicos o controle de mais um conjunto de empresas que estava em dificuldades. Existe, portanto, uma prática de subsídios e de cuidados com o "bem-estar" de ricos e poderosos.

O artigo era assinado por Fernando Henrique Cardoso.

Meu assunto naquela edição era outro. "São Paulo na rota da violência", anunciava o trocadilho do título, numa referência aos policiais da Rota — Rondas Ostensivas Tobias de Aguiar, um recém-formado grupamento de cem homens fortemente armados que vigiava as ruas da cidade. O gancho era o pedido de exoneração do secretário da Segurança, coronel Erasmo Dias, feito pelo deputado Dias Menezes, do MDB, em razão da morte de três jovens da alta classe média. A polícia dizia que fora resultado de uma troca de tiros, mas, evidentemente, não passava de uma chacina. (Em 2015, o jornal *O Estado de S. Paulo* publicaria uma entrevista póstuma com o coronel Erasmo Dias, feita por Marcelo Godoy, em que o ex-secretário da Segurança reconheceu, finalmente, que os jovens tinham sido sumariamente executados pelos homens da Rota, que depois plantaram maconha e armas no Fusca.)

A matéria de 1974 acrescentava a informação de que, pouco depois do caso da Rota 66, como ficou conhecido o episódio da morte dos jovens, três operários tinham sido violentamente espancados quando voltavam das comemorações do Primeiro de Maio e relatava uma experiência pessoal pouco comum na época — um pacífico passeio numa das Veraneios[5] utilizadas pelo destacamento Tobias de Aguiar.

Na época, eu era também repórter da *Folha de S.Paulo* e tinha ido parar num carro da Rota cumprindo uma pauta sugerida pela própria Secretaria de Segurança Pública para o jornal. A intenção da secretaria era mostrar que os policiais tinham uma missão importante a cumprir. A *Folha* acabou não publicando a matéria, então escrevi o texto para o *Opinião,* em que consegui relatar, sem adjetivos, o modo truculento de agir dos homens da Rota. Só não incluí a cena que mais me impressionara: numa das batidas, a viatura em que estávamos foi dar apoio à outra. O suspeito não quis admitir sua culpa, apesar da pressão psicológica. Num dado momento, o comandante fez um sinal qualquer para os outros policiais, e saímos dali para dar uma volta. Dez minutos mais tarde, quando retornamos, os policiais exibiram o papelote de cocaína que o suspeito reconhecia como sendo dele. Tremia, suava, e imaginei que tivesse sido torturado durante nossa volta providencial.

Menos de cinco meses depois, engolido pela máquina de moer carne que devastou o Partidão, em condições bem mais difíceis, eu daria outro passeio numa Veraneio.

A capa do *Opinião* de 18 de abril era ilustrada por um retrato de dom Paulo Evaristo Arns feito pelo cartunista Jayme Leão. Na entrevista — ou no que sobrou dela, após os cortes —, o cardeal de São Paulo apresentava a opinião da Igreja sobre os direitos humanos. O cardeal dizia que "a dignidade do ser humano é a raiz de todos os seus direitos" e defendia uma anistia ampla para os presos políticos. O compromisso de dom Paulo e a mudança anunciada em outra matéria na página 3 da mesma edição seriam muito importantes poucos meses mais tarde. "Vitória da liberdade" festejava a eleição de uma chapa oposicionista no Sindicato dos Jornalistas.[6]

Tudo começara quando um diminuto grupo de jornalistas passou a reunir-se na redação da *Folha*: Gastão Thomaz de Almeida, José Aparecido, Antônio Carlos Félix Nunes, Vasco Oscar Nunes e eu, que nem sindicalizado era. Os órgãos de segurança monitoraram desde o início a movimentação dos jornalistas — viam ali um conluio de esquerdistas. Um informe vinculava a plataforma dos jornalistas às bandeiras do MDB, denunciava a criação do Movimento de Fortalecimento do Sindicato, que dera origem à chapa verde, de oposição, e trazia uma avaliação individual e equivocada dos principais candidatos.

O candidato a presidente, Audálio Dantas, era apresentado como "provavelmente manipulável"; o vice, José Aparecido, surgia como "altamente comprometido com a esquerda", e Fernando Jordão era apontado como "conhecido esquerdista, colocado em posto-chave". E assim por diante. Um era articulador e fomentador de greves, outro, "membro ardoroso da esquerda católica", um terceiro tinha relações com um terrorista, um quarto estava "implicado em diversas atividades subversivas". O único militante do partido que participava da chapa nem foi avaliado: era Luiz Weis, que aparecia apenas como suplente.

Nas eleições anteriores, a oposição fora derrotada justamente porque seus simpatizantes não eram sindicalizados ou estavam com as contribuições em atraso e não podiam votar. Minha única contribuição foi dar-lhe uma sigla, MFS, que o tal informante vinculou erroneamente ao MFA — Movimento das Forças Armadas —, que acabara de tomar o poder em Portugal, em 25 de abril, após derrubar a ditadura do Estado Novo, no que ficou conhecido como a Revolução dos Cravos.

Markun, no início da carreira, na redação do Estadão, *nos anos 1970.*
(Reprodução de Patrícia Maria de Mesquita, *Retrato de uma redação.* São Paulo, 2002)

8 TV Vietcultura

Quando Vlado voltou dos Estados Unidos, fui encontrá-lo na *garçonnière* de um de nossos amigos. Ele não estava ali por qualquer compromisso partidário — tinha se separado de Clarice. No pequeno apartamento de destinação suspeitíssima, Vlado me explicou que não voltaria ao *Opinião*: resolvera fazer o roteiro de um longa-metragem baseado em *Doramundo*, romance de Geraldo Ferraz, ambientado em Paranapiacaba.[1] As instalações da *garçonnière* eram precárias e lhe ofereci a casinha de meus pais na praia da Enseada, no Guarujá, para que pudesse escrever. Sua estada lá foi tão curta quanto a separação: no final de semana seguinte, Dilea e eu levamos Clarice até lá, a pedido dela, numa tentativa de reatar com Vlado, o que acabou acontecendo. Foi no Guarujá que ele contou que poderia assumir a direção de jornalismo da Cultura e perguntou se eu toparia ir junto.

Disposto a fazer várias mudanças em seu governo, Paulo Egydio encarregou um grupo de trabalho de estudar a comunicação social. Após apontar graves defeitos na programação da Cultura — indefinição de objetivos, desconhecimento do público a que se dirige, amadorismo na escolha de temas e na própria realização dos programas e um elitismo que levava a índices de audiência praticamente nulos —, o grupo recomendou que ela não fosse utilizada para divulgar atos e intenções do governo, mas para permitir sua discussão, um canal de diálogo que possibilitasse à população manifestar aos governantes seus problemas, apreensões, queixas e sugestões. Para isso, sugeria uma ampla reformulação da emissora educativa, em especial de seu telejornalismo.

Fernando Faro,[2] que funcionava como uma espécie de conselheiro informal do governador, sugeriu-lhe que Fernando Jordão fosse recontratado e promoveu um encontro entre ele e o novo presidente da Fundação Padre Anchieta, Rui Nogueira Martins. Depois de discutirem a linha de trabalho a ser adotada, Jordão, que estava no *Globo Repórter*, recusou o convite por carta e indicou o nome de Vlado.

Faro, que não conhecia Vlado, procurou alternativas, como Gabriel Romeiro, que estava na Bandeirantes, e Zuenir Ventura, que trabalhava na *Visão*. Há um detalhe curioso — que Vlado jamais ficou sabendo: depois de receber esse convite, Zuenir lhe telefonou dizendo que tinha algo para contar. Ele respondeu que também tinha uma boa notícia. Num bar próximo à *Visão*, Vlado apresentou primeiro sua novidade. Ao saber que era exatamente a mesma oferta que recebera, Zuenir desconversou e disse que tinha recebido uma consulta, fictícia, para uma vaga no *Jornal do Brasil*. A história só deixou de ser um pequeno segredo quando Zuenir a transformou num capítulo de um de seus livros, *Minhas histórias dos outros*.

Nesse meio-tempo, Vlado entregou seu currículo a Antonio Angarita, chefe de gabinete de José Mindlin,[3] o secretário da Cultura de Paulo Egydio. Com Rui Nogueira Martins na Europa, coube a Mindlin escolher o diretor de jornalismo da emissora. No primeiro encontro, o secretário da Cultura ficou bem impressionado com a atitude do candidato, que se limitou a descrever seu currículo e suas ideias para o jornalismo da Cultura. Mindlin foi conferir a informação com o cônsul inglês, que lhe relatou as boas referências que Vlado deixara na BBC.

Decidida a contratação, o secretário da Cultura consultou o chefe do escritório do SNI em São Paulo, coronel Oscar Paiva. De acordo com Mindlin, meia hora depois Paiva ligou de volta, dizendo que não havia objeção, embora a ficha de Herzog registrasse algumas "veleidades comunistas" na juventude.

Por essa época, Vlado, Clarice, Dilea e eu saíamos juntos algumas vezes. Numa delas, fomos com outro casal, Nani e Marcelo Bairão, meu companheiro desde os tempos do colégio Alberto Conte. Os dois já se conheciam. Em busca de emprego, Marcelo, que havia cursado história, procurou Perseu Abramo, na editoria de educação da *Folha*. Este o encaminhou a Vlado, na *Visão*, que o apresentou a Carlos Alberto Sardenberg,[4] da revista *Banas*, que contratou Marcelo.

Em nossas conversas, o assunto não eram nossas veleidades comunistas, mas o jornalismo que Vlado imaginava implantar na Cultura. Eu encarava o Partidão como meu projeto de vida, pouco me importava se atuasse no centro acadêmico, na realização de um encontro de organizações não governamentais ou na tentativa de reeditar um congresso de escritores. Já Vlado pagava regularmente as mensalidades, recebia a *Voz Operária*, mas participava sem muito entusiasmo daquelas reuniões chatas e intermináveis. Quando o assunto era jornalismo, televisão ou cinema, no entanto, seu ânimo era outro.

Antes de começar a trabalhar, ele encaminhou ao presidente da Fundação, ao secretário da Cultura e ao próprio governador um documento chamado "Considerações gerais sobre a TV Cultura", em que atendia à demanda do governador de mudar a comunicação do governo e dar novo rumo ao jornalismo da emissora:

> Jornalismo em rádio e TV deve ser encarado como instrumento de diálogo, e não como um monólogo paternalista. Para isso, é preciso que espelhe os problemas, esperanças, tristezas e angústias das pessoas às quais se dirige.
>
> Um telejornal de emissora do governo também pode ser um bom jornal e, para isso, não é preciso "esquecer" que se trata de emissora do governo. Basta não adotar uma atitude servil.

A curto prazo, propunha duas ações: criar um departamento de publicidade e promoção, para tornar a emissora mais conhecida, e buscar nova imagem junto ao telespectador, adotando o conceito de TV pública, como já ocorrera nos Estados Unidos. Ele queria mais audiência para a emissora, também.

Lembro-me até hoje do entusiasmo com que seguimos para a TV, na manhã de 3 de setembro de 1975, uma quarta-feira. Ele morava a meio caminho entre minha casa e a sede da Cultura, na rua Carlos Spera, 179, no bairro da Água Branca, Zona Oeste de São Paulo, e, como Vlado nunca aprendeu a dirigir, apanhei-o em casa.

Antes que ele tomasse pé da situação, o telejornal do meio-dia foi ao ar. Entre as matérias, um minidocumentário de sete minutos, editado por Robert Dupré, um editor da antiga equipe, chamou nossa atenção. Produzido pela agência inglesa Visnews (que em 1992 seria comprada pela Reuters), o material não causaria qualquer problema na Inglaterra, mas Vlado considerou uma provocação dar tanto espaço para o líder do Vietnã do Norte, Ho Chi Minh. Eliminou qualquer referência ao assunto na *Hora da Notícia* daquela noite e demitiu seu editor.

No dia seguinte, o espaço dado a Ho Chi Minh foi criticado pelo colunista Cláudio Marques em sua coluna no jornal *DCI*. A notícia foi praticamente reproduzida pelo jornal *Última Hora* em sua edição de 5 de setembro:

> Bastante comentada, por sua "oportunidade" e "qualidade", a reportagem levada ao ar na quarta-feira, pela TV Cultura, em seu programa noticioso do meio-dia. Inúmeros minutos da programação da emissora educativa foram dedicados à história do Vietnã e às lutas que ali ocorreram nos últimos anos, dando-se especial destaque a pensamentos e à figura de Ho Chi Minh, o líder comunista do Vietnã do Norte.
>
> Pode ser que exista uma razão muito forte para tal tipo de preocupação na TV Cultura, mas não há dúvida que, no Brasil, existem temas muito mais educativos e salutares do que a história dos conflitos na Indochina ou os conceitos do vietcongue.

Era o projeto do ministro Silvio Frota, de promover uma intensa campanha anticomunista, sendo deflagrado por seus sabujos.

No segundo ou terceiro dia de trabalho, saí para a rua com um cinegrafista, para fazer uma matéria. A pauta nada tinha de subversiva: meu intuito era entender minimamente o processo de produção de jornalismo na TV, que a partir de então eu deveria coordenar. Pouco me animei com o ofício e jamais imaginei que tempos depois me tornaria um repórter de televisão. Naquela época, os repórteres cinematográficos utilizavam uma câmera de cinema. Cada chassi de filme tinha quatrocentos pés de negativo 16 milímetros, que permitiam registrar algo como doze minutos de imagens sonoras. Normalmente, com um chassi desses eram feitas até três matérias. Ou seja: a margem de erro era mínima — não havia espaço para a passagem em que o repórter aparece diante da câmera, contando parte da história, ou para entrevistas mais longas. Na captação das imagens, os cinegrafistas também não podiam exagerar.

Ao avaliar o trabalho de minha nova equipe, resolvi dispensar imediatamente um repórter veterano, cujo desempenho me pareceu inadequado — ele simplesmente não era talhado para a função. Foi a primeira vez que demiti alguém. Não foi fácil mandar embora quem certamente teria dificuldade de arranjar outro emprego. Meses mais tarde, quando toda essa história já acabara, raciocinei se aquele não seria o único saldo de minha curta passagem pela chefia de reportagem da Cultura.

A matéria sobre o Vietnã foi motivo de uma reclamação do coronel Paiva ao secretário da Cultura. De acordo com Mindlin, na conversa "bastante áspera, apesar da aparência cordial", ele tentou explicar a Paiva que Vlado lhe parecera um profissional sério, tinha a ficha limpa e não podia ser responsabilizado por algo que havia sido colocado no ar no dia de sua posse e que, portanto, era produto da equipe anterior. Nessas condições, argumentou, seria uma injustiça demiti-lo. O coronel reagiu com um alerta: "Eu não estou pedindo que o senhor o demita, depende do grau de risco que o senhor quer assumir".

Mindlin respondeu que não tinha medo de assumir riscos, mas que, naquele caso, a responsabilidade não era dele, já que a TV Cultura tinha autonomia. O coronel não aceitou o argumento: "Mas o responsável é sempre o chefe…".

Combinaram que o secretário promoveria uma conversa entre Vlado e o coronel, permitindo assim que o diretor de jornalismo fosse devidamente orientado. Se, depois disso, o telejornal continuasse avançando o sinal, a situação seria diferente.

Pouco depois, o governador foi procurado pelo major Ismael Armond. Amigos desde o tempo em que Paulo Egydio presidira a União Metropolitana de Estudantes, em meados da década de 1950, no Rio de Janeiro, tinham a mesma adoração por Carlos Lacerda, e chegaram a integrar, com oficiais da Aeronáutica, o grupo que fazia a segurança pessoal do político da UDN em guerra aberta contra o governo Vargas. Em 1964, Armond fez a ponte entre Paulo Egydio e os conspiradores. Agora, alertava o governador sobre a contratação de Vlado, um "comuna". Paulo Egydio procurou Mindlin e se deu conta de que este tinha pouca informação sobre o novo diretor de jornalismo da Cultura:

> Notei que Herzog tinha sido admitido normalmente, em razão da necessidade do preenchimento de um cargo vago, sem nenhuma indicação de cima. Em função daquele estado de guerra, da pressão geral contra o governo e de estar efetivamente comprometido até os ossos com os castelistas, mandei o coronel Erasmo [Dias] e o coronel Paiva, chefe do SNI em São Paulo, investigarem o que se passava com esse tal Vladimir Herzog, que eu nunca tinha visto nem ouvira falar.
> Depois de verificarem a ficha do Herzog em todos os órgãos de segurança, eles disseram que não tinham encontrado nada que obrigasse a demissão do sr. Herzog e que ele tinha evidentemente de ficar sob observação, em função da movimentação toda contra ele. Ainda disse: se o homem quiser fazer do jornal da TV um veículo de propaganda ideológica,

evidentemente nós vamos atuar. Mas a ficha dele está limpa, não há nenhuma indicação de que alguém o colocou lá, vamos mantê-lo.

No dia 7 de setembro, Cláudio Marques voltou ao ataque, agora em sua coluna dominical patrocinada pela construtora Adolpho Lindenberg, diretor-tesoureiro da TFP, no *Shopping News*, um jornal distribuído gratuitamente em centenas de milhares de lares de São Paulo: "TV Educativa continua uma nau sem rumo. Repercutindo — pessimamente — o documentário exibido pelo Canal 2, fazendo a apologia do vietcongue. Eu acho que o pessoal do PC da TV Cultura pensa que isto aqui virou o fio...".

Para garantir o cumprimento do projeto apresentado ao governo, contratamos duas pessoas de total confiança. Enquanto Vlado colocava Luiz Weis como editor-chefe, eu chamava Miriam Ibañez,[5] minha colega na *Folha de S.Paulo*, para ser subchefe de reportagem. Entrando às seis da manhã, ela prepararia a pauta dos repórteres e acompanharia o *Jornal Agrícola* — ironicamente apelidado pela redação de *Hora da Batata*. O objetivo das duas indicações não era aparelhar o telejornalismo da Cultura, muito embora Weis e Miriam também fossem do Partidão.

A *Última Hora* de 11 de setembro trazia nova bomba, agora contra a matéria sobre o regresso do príncipe Norodom Sihanouk ao Camboja, após um exílio na China comunista, que teria ocupado o espaço onde deveríamos veicular notícias sobre a volta do governador Paulo Egydio de Brasília, o aumento do preço dos combustíveis e outras notícias oficiais, que, segundo o jornal, tinham aparecido em outros telejornais.

A *Hora da Notícia* daquela terça-feira incluía dois ministros, o presidente da Embratur e um secretário do governo de

São Paulo. Mas isso pouco importava para quem ganhava para enxergar ali a TV Vietcultura.

O coronel Paiva ligou novamente para o secretário da Cultura, reclamando que o telejornal estaria veiculando informações tendenciosas. Citou um caso específico: ao noticiar o julgamento de autores de um atentado terrorista na Espanha, o noticiário dera mais destaque à pena de morte do que aos crimes praticados pelos autores do atentado.

O caso envolvia militantes antifranquistas acusados da morte de um policial e, por isso, condenados à morte, entre eles, duas mulheres grávidas. Várias matérias exibiam imagens do garrote vil em que a sentença deveria ser executada. Não havia adjetivos. Mas nem era preciso — as matérias eram, sim, claramente contrárias à pena de morte.

Mindlin contra-argumentou, explicando que essa avaliação podia ser subjetiva. Assumiu o compromisso de instalar um televisor em sua sala e monitorar o programa, como o coronel já fazia. Ficou acertado também que o secretário conversaria com Vlado e que nenhuma providência seria tomada contra o jornalismo da Cultura ou sua equipe sem que o responsável pelo SNI falasse antes com o secretário ou com o governador.

Por essa época, Vlado recebeu uma determinação do presidente da Fundação: deveria demitir dois jornalistas que tinham ficha suja — eram considerados subversivos. Ambos eram remanescentes da equipe antiga e Vlado tinha restrições ao desempenho deles, mas foi pedir conselho a Fernando Jordão, que lhe sugeriu cumprir a ordem, dizendo que viera do presidente:

> Vlado era incapaz de uma atitude indigna com um companheiro de trabalho, ainda que hostil a seus projetos, como era

o caso dos dois visados. Discutimos. Ficou revoltado com a minha proposta.

— Vlado, afinal, o que é mais importante agora: não demitir esses dois e aí vai você, vai todo mundo embora, ou aceitar e tocar um trabalho que nem deu ainda pra você começar?

— Mas Fernando, como é que eu posso fazer uma coisa dessas e depois continuar como diretor do telejornal? Com que cara eu posso olhar para os outros depois de fazer uma coisa dessas? Com que cara eu vou entrar na redação depois disso?*

Resistiu quanto pôde, mas, afinal, sem o apoio da direção da TV Cultura, teve que ceder.

Alguns dias mais tarde, o coronel Paiva telefonou pela terceira vez, agora para dizer que estava achando o telejornal "muito chocho". Ao que Mindlin transferiu a responsabilidade para seu interlocutor, já que dele partira a recomendação para que a *Hora da Notícia* evitasse qualquer comentário "tendencioso".

Ao cabo de duas semanas e debaixo desse tiroteio todo, Vlado formalizou suas primeiras propostas e encaminhou-as à assessoria administrativa da emissora. Sugeriu o cancelamento imediato do *Jornal da Manhã*, a suspensão temporária do *Jornal Agrícola*, a redução pela metade do tempo do *Jornal da Cidade*, o fim da edição de sábado da *Hora da Notícia* e o reexame dos noticiosos da rádio. A partir de janeiro de 1976, se o estúdio próprio do jornalismo estivesse pronto, o formato e o nome do jornal mudariam (a proposta era chamá-lo de *Jornal da Noite*) e, no lugar das edições de três minutos do TV2

---

* Citação do livro de Fernando Jordão, *Dossiê Herzog: prisão, tortura e morte no Brasil*, p. 218, publicado pela Global Editora em 2005.

Notícias, entrariam duas emissões de dez minutos da *Hora da Notícia*, além de um jornal infantil e uma revista semanal.

As medidas imediatas foram aprovadas e postas em prática. Numa entrevista a Fernando Morais, publicada no número zero do jornal *Aqui São Paulo*, Vlado deixou claro seu compromisso com a audiência:

> Muita gente entra aqui pensando que pelo fato de não estar amarrada a patrocínio comercial a TV Cultura permite fazer qualquer coisa. Como se a audiência pouco importasse. E traduzem nível cultural para "hermetismo", surgindo com ideias incríveis para a produção. Coisas assim no nível daquele filme de Resnais (*Ano passado em Marienbad*) que todo mundo assistia com a cara mais inteligente do mundo, e saía do cinema sem entender nada.
>
> Afinal, estamos gastando tempo e dinheiro produzindo programas para meia dúzia de amigos? Claro que não. Mas já ouvi, inclusive sobre o Canal 2: é aquela emissora que só tem programas inteligentes e que ninguém aguenta ver...

Algum tempo depois, Marcelo Bairão, o Marcelinho, militante do PCB e meu colega desde os tempos do colegial, encontrou Vlado na avenida São Luiz, no Centro de São Paulo. Por coincidência, os dois iam ao mesmo fotógrafo, que ficava na esquina com a avenida Consolação, muito usado pelos jornalistas das redações próximas. Vlado explicou que precisava de uma foto porque sua antiga carteira de trabalho estava toda preenchida e tinha que tirar outra na Delegacia Regional do Trabalho, a meia quadra dali. Era para seu registro de trabalho na Cultura. Foi atendido primeiro e mostrou a foto, perguntando se ficara bem. Marcelinho respondeu que sim e os dois se despediram. Ao ver novamente aquela foto de Vlado, um mês e pouco depois, ele levaria um susto.

Quase trinta anos mais tarde, comparei os scripts dos telejornais feitos antes e durante a curta passagem de Vlado pela Cultura. As mudanças são evidentes. Até Vlado assumir, a *Hora da Notícia* sempre abria com alguma ação do governo e suas estatais. Quando abordava questões ligadas à vida das pessoas, eram temas em que a responsabilidade governamental era difusa, como a poluição da represa Billings. E geralmente as iniciativas oficiais eram apresentadas pelo ângulo mais positivo. O noticiário internacional se resumia a notas curtas. Apenas um assunto ganhava destaque maior. Mas, se algum ministro ia para o exterior, a equipe da Cultura seguia atrás.

Com Vlado, o jornal passou a dar manchetes para assuntos de utilidade pública — desidratação infantil, novas tarifas do transporte público, o Dia do Professor. Quando envolvia decisões oficiais, o enfoque era para suas consequências na vida das pessoas. As notícias internacionais ganharam outro fôlego e passaram a ter, em média, duas laudas. Algumas chegavam a quatro ou cinco laudas.

Havia três motivos para o destaque ao noticiário internacional: era um dos alvos menos visados pela censura, a Cultura recebia material de qualidade das agências e esse era um campo onde podíamos apresentar algum avanço a curto prazo. Melhorar significativamente a qualidade das matérias locais exigiria tempo e dinheiro. Ainda assim, aumentamos o espaço dedicado às matérias de utilidade pública e produzimos reportagens sobre aspectos da vida em São Paulo, como o custo de criar um filho ou o avanço do automóvel sobre o centro da cidade.

As Forças Armadas também podiam dar notícia. Notadamente num regime militar. E, para ter informações do

II Exército, contratei um setorista: Paulo Nunes, indicado por João Baptista Lemos, que fora meu chefe na *Folha*. Naqueles tempos, tais setoristas costumavam funcionar como uma via de mão dupla entre as redações e os comandos militares. Eu sabia disso, mas achei necessário ter cobertura regular da área militar. O general Ednardo D'Ávila Melo, comandante do II Exército, aparecia com frequência em nosso noticiário.

No dia 18 de julho de 1975, no Palácio dos Bandeirantes, o general, que assumira o comando do II Exército no ano anterior, tinha feito um discurso apontando a necessidade de combater ferozmente os inimigos da democracia, os "fascistas vermelhos" que redobravam as suas atividades, "quer no exterior, procurando criar a imagem pior possível do Brasil de hoje, quer dentro do país, tentando se infiltrar em todas as organizações, recorrendo aos processos mais sutis e se apresentando, é o cúmulo, como arautos da liberdade e da justiça".

A frase poderia passar em branco, mas o locutor oficial do Palácio, Fausto Rocha, deixou de lado o roteiro escrito e pediu permissão a Ednardo para fazer "um apelo pessoal":

— Ouvi fatos aqui que nunca chegaram a ser transmitidos ao público, números, fatos do Brasil de hoje. Por que esses fatos não chegam ao conhecimento da população em geral?

Ednardo explicou:

— Porque no Brasil nós temos uma democracia, porque no Brasil os governantes aceitam que os jornalistas os vilipendiem, distorçam às vezes a realidade, achem ruim e reclamem sempre, esquecendo-se muitas vezes de mostrar as suas qualidades, as qualidades dos governantes.

O locutor chapa-branca seguiu adiante:

— Aqui no Brasil comunistas confessos e declarados estão nas redações cortando notícias, decidindo o que é noticiável.

O sindicato reagiu às declarações de Fausto Rocha com uma nota em que alertava para o caráter generalizante da acusação que atingia toda a categoria e trazia inquietação aos jornalistas. Ednardo convocou os diretores para uma conversa no II Exército. Audálio Dantas, o vice, José Aparecido, o secretário Gastão Thomaz de Almeida e o tesoureiro Wilson Gomes atenderam ao chamado. Ouviram do general a mesma longa preleção sobre os "fascistas vermelhos" — só que mais extensa. Audálio ainda tentou contrapor algum argumento, mas o general não baixou a guarda: "ESTAMOS NUMA GUERRA!".

Quando já estávamos na Cultura, Ednardo foi cumprimentar os jornalistas que trabalhavam na sala de imprensa do II Exército e saiu-se com esta pérola, digna do conselheiro Acácio, que registramos com uma nota pelada, como se diz no jargão das emissoras de TV — texto lido pelo locutor, sem imagens: "Se a imprensa for má, ela pode contribuir para a destruição. Se for boa e decente, influirá no grande destino da Pátria".

A regra para a seleção das notícias na *Hora da Notícia* não era o viés ideológico, mas sua relevância. Por isso nem o fato de nos acusarem de comunistas e de sermos vigiados de perto impediu que déssemos quase três minutos para o segundo aniversário do golpe militar que derrubara o governo constitucional de Salvador Allende, no Chile. A matéria passava ao largo dos adjetivos. A ousadia estava simplesmente em dar tanto espaço para um assunto tão delicado.

Se havia um fato relevante na política brasileira, governo e oposição recebiam o mesmo tempo. Parece pouco, mas os outros telejornais simplesmente ignoravam a política ou, quando cobriam os dois partidos, usavam pesos e medidas distintos. Um exemplo:

FABBIO (Perez, locutor da *Hora da Notícia*): Com um discurso do presidente Ernesto Geisel, terminou ontem em Brasília a convenção nacional da Arena.

Deixar som 5" depois BG

FABBIO (OFF): O presidente exortou os arenistas a "sacrificar interesses, vaidades e paixões individuais" em benefício da unidade do partido. Afirmou que a Arena vencerá as eleições municipais do ano que vem e as eleições legislativas de setenta e oito, "para desmascaramento e vexame dos falsos profetas de encomenda". (pausinha)
A luta contra a corrupção foi outro assunto tratado por Geisel. Ele assegurou que fará apurar as irregularidades que chegaram ao seu conhecimento, aplicando aos culpados, sempre que for imprescindível, "sanções excepcionais". A propósito, disse esperar que "nosso mecanismo judiciário, reconhecidamente lento, se venha a aperfeiçoar", para que o governo não seja obrigado a recorrer a medidas de exceção para punir os corruptos. (pausinha)

Geisel disse ainda que a subversão continua em atividade, exigindo "persistente ação preventiva e mesmo repressiva".

CONVENÇÕES 2

CAM FABBIO

FABBIO: A convenção do MDB também acabou ontem à noite. Enquanto o presidente Geisel falava na Câmara, o deputado Ulysses Guimarães, presidente do partido de oposição, fazia o discurso de encerramento no plenário do Senado.

TC FILME NEG SOM
Rec pk

(Deixa: "falta de pão e segurança") depois BG

Ulysses Guimarães

FABBIO (OFF): Ulysses definiu o MDB como um "front" de coragem e liberdade, onde, segundo ele, se entrincheiram os que lutam pela democracia no Brasil. Afirmou: "Somos o exército do povo, defensores de sua sobrevivência, baluarte de suas reivindicações". O presidente do MDB referiu-se ao que considera "a deterioração das condições de vida do povo brasileiro, com salários ao nível da esqualidez". E concluiu com o que chamou de "grito de guerra": "Nossa luta continua".

CAM FABBIO	FABBIO: Antes dos discursos finais, a movimentação dos delegados dos dois partidos nos corredores, gabinetes e na sala do café da Câmara deu ao Congresso Nacional neste domingo um ar de dia útil.
SOM DEPOIS BG	
TC FILME NEG SOM	FABBIO (OFF): Mas não houve maiores discussões dentro de cada partido. No MDB, autênticos e chaguistas tentaram apresentar uma chapa contra Ulysses Guimarães, mas acabaram desistindo. Na Arena, o programa partidário foi debatido e aprovado num ritmo bem rápido.
CENA SONORA	SOM SOM SOM

Deixa final: "aprovado" (2ª vez)

CAM FABBIO	FABBIO: As convenções não responderam a uma importante questão política: o futuro do sistema partidário brasileiro. Arena e MDB continuarão a existir ou o governo favorecerá a criação de outros partidos? Em Brasília, *Hora da Notícia* ouviu a opinião do vice-presidente do MDB.

Vlado interferia diretamente em tais scripts, trocando termos que considerava impróprios, buscando sentenças mais claras e compreensíveis e controlando qualquer tentativa de contrabando ideológico. Empenhava-se no sentido de frear o ímpeto de editores que tinham sido contratados por Walter Sampaio[6] e encaravam o novo chefe do jornalismo como uma espécie de redentor — e tentavam avançar o sinal. Mas nada disso reduziria o cerco da linha dura e de seus porta-vozes. Cláudio Marques dedicou à Cultura vários parágrafos de sua coluna de 28 de setembro no *Shopping News*:

> A infiltração (a esta altura não é infiltração, é domínio total, ou quase...) da esquerda contestatória no sistema e na democracia, em vários escalões, só não vê quem é conivente ou burro. [...] O que me parece cretino é comunista sendo subvencionado pelo dinheiro do Estado. Emprego existe no paraíso soviético. Ou então em Portugal, lá na "República", na Rádio e TV Portuguesa, onde não são admitidos profissionais que não sejam inscritos e militantes do PC. Eu não exijo atestado ideológico de jornalista, nem quero fazer o jogo de fascistas. Mas é cretino admitir o domínio total do PC nos jornais, revistas e TVs. Detalhe: outro dia, um enviado especial de Brasília, entre acreditar em informações que me diziam "um exagerado", preferiu ligar o Canal 2. Estavam exibindo a vida de Suvana Phuma, e os feitos do Khmer Vermelho. O homem desligou com um sorriso significativo.

Para tentar contornar os problemas, Luiz Weis foi até Brasília. Acompanhado por D'Alembert Jaccoud,[7] chefe da sucursal da *Visão*, foi recebido pelo secretário de Imprensa do presidente Geisel, Humberto Barreto. A intenção, que hoje me parece ingênua, era identificar de onde partia a campanha contra a Cultura e neutralizá-la, se possível. Barreto classificou os ataques como um gesto paroquial e levou a dupla até o coronel Vilfrido Lima, da Casa Militar. Este não esticou muito a conversa, mas pediu nome, data de nascimento e filiação de Weis. O tal coronel certamente foi checar a ficha de Weis no SNI. A resposta deve ter sido negativa para os padrões do regime. Poucos dias mais tarde, recebemos o recado — o SNI queria a demissão de Weis. O motivo alegado era grotesco: uma emissora estatal não poderia ter um dirigente sindical. Vlado e Weis foram falar com Mindlin, que confessou não ter nada a fazer.

Quando ambos voltaram à redação, tivemos uma conversa difícil. Weis tinha imunidade sindical e não podia ser demitido. Propus que ele tomasse a iniciativa de pedir demissão, para tentarmos manter o projeto de jornalismo, e garanti que faria o mesmo, se fosse o alvo. Vlado concordou com meus argumentos. Finalmente, Weis cedeu. Sua demissão data de 1º de outubro de 1975.

Naquela noite, quando Clarice chegou em casa, encontrou o marido chorando sozinho, depois de ter falado ao telefone com o velho amigo que acabara de perder o emprego.

Com ou sem aquela demissão, a onda que nos levaria de roldão continuava avançando.

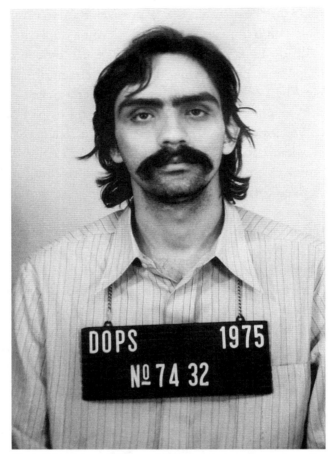

Markun fichado no Dops, em 1975, depois de passar quinze dias no DOI-Codi. (Arquivo do Estado de São Paulo)

9 A caçada

Dentro do partido, as prisões e mortes da Operação Radar causaram muitas mudanças — e elas acabaram chegando até mim. Alguns dirigentes clandestinos foram afastados, por medida de segurança. Entre eles, o encarregado do contato dos jornalistas com a direção, que conhecíamos como Inácio — na verdade, João Guilherme Vargas Neto.[1] Na redistribuição de tarefas, fui encarregado, a partir de então, de entregar a *Voz Operária* e receber as contribuições mensais para um punhado de jornalistas ligados ao Partidão em São Paulo — uma dúzia e meia muito mais experientes que eu e cinco na minha faixa de idade, com quem já militava desde o tempo da universidade. Encontrava esse pessoal mais velho em restaurantes com pouco movimento. Foi num desses almoços, quando eu já colaborava no *Opinião*, que fui apresentado formalmente a Vlado.

Entre julho e agosto, os órgãos de segurança desmantelaram a base montada na Polícia Militar de São Paulo, que durante dois anos chegara a ter um sargento infiltrado no

DOI-Codi. O arrastão apanhou 63 presos policiais militares, sendo nove oficiais da ativa e doze da reserva. José Maximiano de Andrade Netto, coronel reformado da PM, foi muito torturado e morreu de enfarto um dia depois de ter sido libertado. O tenente reformado José Ferreira de Almeida, o Piracaia, não resistiu à tortura. Seu corpo foi fotografado pendurado na grade da cela, no dia 8 de agosto, como prova de que teria se suicidado por enforcamento. O laudo do IML foi assinado pelo legista Harry Shibata.

O governador Paulo Egydio determinou que diversos PMs fossem interrogados em seus quartéis. Com isso, livrou a pele de alguns militantes, mas passou a ser ainda mais odiado pela turma do porão.

Três dias após a morte de Piracaia, agentes do Dops de Fortaleza informaram a parentes de Pedro Jerônimo de Souza, militante do Partido Comunista Brasileiro no Ceará, que ele teria se suicidado dentro da cela. Justificaram os vários hematomas com a maneira pela qual teria se enforcado: com uma toalha de rosto, amarrada a pouca altura, o que teria feito com que se debatesse contra as paredes e o piso da cela, antes de morrer. Sete meses depois, um exame pericial constatou que o policial militar sofrera torturas e que as fraturas não podiam ser atribuídas a choques contra as paredes e o chão.

O ataque final contra o partido em São Paulo começou no dia 29 de setembro de 1975, quando quatro agentes policiais prenderam José Montenegro de Lima, o Magrão, meu primeiro assistente dentro do PCB. Detido no apartamento onde vivia com identidade falsa, no bairro da Bela Vista, foi levado para a Colina, torturado e morto com uma injeção usada para abater cavalos.

Dois dias depois, foram presos Emílio Bonfante Demaria,[2] sua mulher, Rosemaria Colombo Farias Ramos, e Antonio Bernardino dos Santos,[3] que assumira o lugar de Inácio, passando a fazer o contato com as bases de estudantes, jornalistas e o recém-criado setor cultural.

A partir daí, foi uma escalada: quatro prisões no dia 2, três no dia seguinte, mais duas no dia 4 — inclusive a de José Ferreira da Silva, o Frei Chico, irmão de Lula —, seis no dia 5, onze no dia 6.

No domingo, 5 de outubro, no bairro do Catete, no Rio, uma equipe capturou o estudante Waldir José de Quadros[4] e Sergio Gomes, o Serjão. Os dois tinham vida legal, emprego, endereço regular, mas estavam cada vez mais envolvidos com a máquina do partido, substituindo os dirigentes afastados por questões de segurança. Levados para o quartel da Polícia do Exército, foram torturados sem parar. Nenhuma pergunta, só pancadas e choques elétricos. Antes de deixar o quartel para ser levado a São Paulo, para o DOI-Codi, um homem disse a Serjão:

— Você não vai sair vivo desta. Me dê o nome de um parente próximo para quem você quer que seja devolvido seu corpo.

No meio do caminho, simularam seu fuzilamento.

Eu só soube dessas prisões alguns dias mais tarde, quando a família de Sergio localizou seu paradeiro no DOI-Codi de São Paulo. Antes, os pais dele tinham ido ao Sindicato dos Jornalistas em busca de informações sobre o paradeiro do filho. Pouco depois, o presidente da Juventude do MDB, Roque Citadini, e o deputado Alberto Goldman denunciaram as duas prisões em notas oficiais. Já o presidente regional do partido de oposição, Natal Gale, apressou-se em informar que eles não tinham relação com o partido, embora fossem filiados à Juventude do MDB.

Àquela altura, informei a Vlado que poderia ser preso a qualquer momento. Tomei também as poucas providências possíveis. Rasguei documentos comprometedores e levei para a casa da minha irmã mais velha, Rosa Lia, sem qualquer relação com política, os livros que eram considerados suspeitos — inclusive o relato clássico de Henry Alleg sobre as atrocidades praticadas pelos franceses durante o conflito da Argélia.

Diretor do jornal *Alger Republicain* e ex-secretário de redação do *L'Humanité*, Alleg passara pela prisão central de Argel no início dos anos 1950. Torturado, resistiu bravamente, inclusive ao chamado soro da verdade, o pentotal. Depois, descreveu com minúcias o trabalho cruel dos paraquedistas — que arrancavam unhas com alicate, queimavam o bico dos seios com cigarro e treinavam cães para atacar os genitais de presos.

Eu acompanhava as denúncias de torturas que circulavam em publicações clandestinas ou obras proibidas e sabia que alguns jornalistas ligados a outras organizações, meus colegas no *Estadão* e na *Folha*, haviam passado pelo DOI-Codi. Ao voltar, se mencionavam o fato, pediam segredo antes de falar, com mil reticências sobre o que tinham passado. Mas, ao ler e reler a obra de Alleg, concluí que a verdadeira fé revolucionária funcionava como uma espécie de vacina contra a confissão. Alguém realmente imbuído dela jamais falaria. Portanto, concluí, nem eu nem aqueles meus companheiros teríamos outro tipo de comportamento dentro do DOI-Codi. Tudo isso me levou a acreditar piamente que a reação diante da tortura admitia apenas preto e branco, sem nuances ou incertezas.

A Operação Radar abatia os dirigentes clandestinos, mas alcançava aqueles que, como Vlado e eu, combinavam a militância clandestina com os compromissos da vida civil. E, em nosso caso, não havia como reagir a um ataque daquela envergadura.

Fiquei chocado ao receber a primeira informação de que alguns presos haviam falado. Coloquei em dúvida essa possibilidade, mas meu interlocutor, mais velho e experiente — já passara inclusive pelo DOI-Codi do Rio —, jogou um balde de água fria na ilusão de meus 23 anos.

Se nenhum de nós tinha como fugir, no caso de quem trabalhava na Cultura havia uma agravante: a campanha sistemática de denúncia contra o "controle comunista" sobre a emissora. No plenário da Assembleia Legislativa de São Paulo, discutia-se mais a situação da Cultura que a escalada de prisões ilegais.

Foi lá que o deputado Wadih Helou reclamou da ausência de uma equipe da TV Cultura na inauguração de um serviço de água e esgoto e disse que não ficara surpreso, em razão das denúncias de Cláudio Marques:

> Num país como o nosso, que está em pleno desenvolvimento, num país como o nosso, que se constitui num verdadeiro oásis no mundo de hoje, são esses elementos pagos pelo governo, numa emissora de televisão do governo de São Paulo, que pregam a desagregação do nosso povo, da nossa cidade, omitindo-se de comunicar ao povo paulista as realizações do nosso governo.

Helou foi aparteado por José Maria Marin,[5] um arenista que carecia de expressão e que tinha suas raízes políticas no bairro onde eu nasci, Santo Amaro:

> Sem adentrar no mérito da questão, causa-me estranheza quando os órgãos de imprensa do nosso estado, de há muito tempo vêm levantando esse problema, pedindo providências aos órgãos competentes, com o que está acontecendo com o Canal 2 e não verificamos pelo menos nenhuma palavra de esclarecimento. Já não se trata de divulgar o que é bom e deixar

de divulgar aquilo que é mau, mas, trata-se da intranquilidade que já toma conta de São Paulo, um assunto que não é comentado apenas desta tribuna, que não é comentado apenas nos meios políticos, mas é assunto comentado em todos os lares de São Paulo. Neste aparte, nobre deputado Wadih Helou, quero chamar a atenção do sr. secretário de Cultura do estado de São Paulo, do sr. governador do estado, que venham a público esclarecer definitivamente essas denúncias que estão sendo levantadas pela imprensa de São Paulo e, de forma particular e corajosa, pelo jornalista Cláudio Marques. Se a maioria dessas denúncias que está sendo levantada pelos vários jornais de São Paulo, basta um simples exame desse problema, para verificar que não só o jornalista citado dessa tribuna vem verificando os fatos negativos, pois não se vê nada de positivo, apresenta apenas misérias, apresenta problemas, mas não apresenta soluções [...] ou o jornalista está errado ou então o jornalista está certo. O que não pode continuar é essa omissão, tanto por parte do sr. secretário da Cultura, como do sr. governador. É preciso mais do que nunca uma providência, a fim de que a tranquilidade volte a reinar não só nesta casa, mas principalmente nos lares paulistanos.

Acusado por Helou e Marin de ser conivente com a ação subversiva da TV Cultura, Mindlin saiu em nossa defesa. Explicou que enquanto não fossem apontados fatos concretos não havia motivo para preocupação e que a equipe da TV Cultura lhe parecia séria e objetiva, que não merecia as suspeitas e críticas levantadas. Sobre Vlado, foi claro:
— O jornalista Vladimir Herzog é um sujeito sério, que merece a confiança da Fundação Padre Anchieta.
O secretário rebateu diretamente o ataque dos parlamentares:

Se a TV Cultura deixou de promover o governo em algum momento, foi por mero acaso. A missão da emissora é, além de promover a cultura e cumprir seu programa educativo, dar uma informação objetiva, tanto quanto possível. Não deve fazer críticas sistemáticas ao governo, como também não é seu papel fazer uma apologia sistemática.

Quanto às matérias sobre a Revolução Russa e o socialismo* — na verdade, aulas de geografia do curso supletivo, devidamente aprovadas pela censura federal —, afirmou:

— Não vejo por que tanto barulho pelo simples fato de a TV Cultura falar de Revolução Russa e socialismo.

Nesse dia, 9 de outubro, sete militantes do partido foram presos, entre eles José Salvador Faro.[6] As prisões foram pipocando até sexta-feira, 17 de outubro. Na redação, conversei com Miriam sobre as matérias locais previstas para o sábado — novas tarifas de táxi, indefinição quanto ao local do novo aeroporto metropolitano (falava-se em Ibiúna), entrega do prêmio Anchieta para alunos da rede pública, o preço de um filho. No meio da tarde, saí da sala e fui dar uma volta pelo jardim da emissora com Vlado.

Conversamos sobre o novo encontro que ele teria naquele final de tarde com o coronel Paiva, do SNI, para tentar esclarecer a situação de uma vez por todas. Eu não esperaria sua volta: sairia mais cedo, pois precisava comprar algo para Dilea, que naquele domingo faria 23 anos. Ao nos despedirmos, combinamos que ele ligaria para minha casa depois do encontro, para relatar a conversa. Ele se despediu com um sorriso. Nunca mais nos falamos.

---

* Outra crítica frequente à programação da TV Cultura referia-se a aulas do curso supletivo sobre temas supostamente subversivos.

Saí da TV, passei num grande magazine e fui para casa — um sobrado numa tranquila travessa da avenida Santo Amaro, Zona Sul de São Paulo, para onde havíamos mudado pouco depois do nascimento de Ana, minha filha, então com seis meses. Subi até seu quarto, ela estava dormindo, e voltei para a garagem, para montar o presente de Dilea — uma bicicleta.

Estava às voltas com o alicate e a chave de fenda, a cinco passos do portão de entrada, quando uma perua Veraneio cinza estacionou defronte ao portão. Dela desceram dois homens fortes, em roupas civis.

Antes que me abordassem, revisei mentalmente a situação. Talvez pudesse entrar em casa, alcançar a área de serviço e pular o muro até o terreno baldio que ficava atrás daquele conjunto de sobrados, onde havia uma linha de alta tensão. Com alguma sorte, chegaria à avenida Santo Amaro, onde não seria impossível pegar um ônibus ou um táxi. Mas com isso o pessoal do DOI-Codi ficaria em casa com a empregada e minha filha. E depois, o que fazer? Para onde fugir? A quem recorrer?

Esperei que os dois me abordassem — e eles o fizeram polidamente. Um deles exibiu uma carteira do II Exército e disse:

— Paulo Sergio Markun? Nós somos do II Exército e precisamos que o senhor e a dona Dilea Frate Markun nos acompanhem, para prestar esclarecimentos.

Eu sabia que poderia ser preso. Antecipara mil vezes aquele momento. Acreditava, ingenuamente, que estava preparado para essa eventualidade. Mas em nenhum momento pude imaginar que minha mulher fosse detida também.

Nós havíamos nos conhecido no cursinho. Não foi uma atração à primeira vista. Eu sentava no fundão da sala e gostava de questionar o professor de história com perguntas imbecis. Ela sentava na primeira fila, os óculos redondos como os que John Lennon fizera voltar à moda contornando a miopia, e anotava tudo o que ele dizia — ou, pelo menos, assim me parecia.

Perto do vestibular, escolhemos ambos o curso vespertino, que era menos disputado, e acabamos estudando na mesma classe. O namoro — o primeiro sério dos dois — começou durante o laboratório de teatro em que montamos a peça dos calouros. Logo depois, ela entrou para o partido. Um ano e pouco mais tarde, nos casamos. Espaçosa e num bairro afastado, nossa casa logo se tornou a melhor alternativa para as principais reuniões.

Quando engravidou, Dilea deixou o partido, que nunca a entusiasmara. Várias vezes propus que voltasse à militância, em vão. Mas, sem que eu soubesse, ela havia participado de uma reunião com outros professores e estudantes da pós-graduação — o que mudou tudo.

Dilea estava no trabalho — editava a revista da companhia telefônica de São Paulo, a Telesp — e perguntei aos policiais se não podíamos esperar por ela. Achava que se fôssemos juntos para o DOI-Codi, talvez tivéssemos mais chance. E temia pelo que poderia acontecer se parte da equipe fosse embora comigo e a outra ficasse em casa, esperando por ela.

Os meganhas concordaram. Eu tentava aparentar tranquilidade e estava disposto a bater na única tecla possível: a de que havia algum terrível engano, pois era jornalista, chefe de reportagem da TV Cultura, possivelmente vítima da sórdida campanha contra meu chefe. Não sei quantas dessas ideias passaram efetivamente pela minha cabeça naquele momento em que o mais concreto era a sensação que me congelava o estômago.

Dilea Frate em 1975, no campus da USP. (Arquivo pessoal)

Paulo Markun com sua filha Ana. (Acervo do autor)

Entramos em casa, pedi que se sentassem e começou a espera. Até que a campainha tocou. Era minha irmã, Rosa Lia, que ia jantar lá em casa para combinar o batizado da Ana, marcado para dali a dois dias, e de quem ela seria a madrinha. Ao entrar, apresentei sem alarde os dois estranhos sentados na sala, dizendo que teria de acompanhá-los para prestar um depoimento, como quem fala de mecânicos ou de encanadores.

Minha irmã entendeu imediatamente o que se passava e não fez qualquer comentário. Perguntei aos militares se poderia explicar a ela sobre o pagamento de uma prestação da moto que comprara meses antes. E, enquanto mostrava o valor e o banco, rabisquei no carnê o nome e o endereço de Vlado e também o de João Baptista Lemos, que ela conhecia de nome. Quase sussurrando, disse para avisá-los de que estávamos sendo presos. Em voz alta, enfatizei os detalhes do pagamento e a dispensei, dizendo que, como não haveria mais o jantar, ela não deveria deixar as crianças sozinhas — meus sobrinhos tinham na época quinze e treze anos.

Quando Dilea chegou, já estava escuro. Ela mal teve tempo de arregalar os olhos azuis diante da minha explicação, e os dois homens nos levaram até a Veraneio, onde um motorista nos aguardava. Sentamos no banco de trás, com um militar de cada lado. Em silêncio, demos as mãos enquanto o carro sem qualquer caracterização e com placas frias seguia rumo ao bairro do Paraíso.

Sou incapaz de lembrar o que se passou em minha cabeça no trajeto. Em toda essa história, a partir desse momento, existem lacunas incríveis — algumas das quais só superei graças às lembranças de amigos e companheiros. Muitos anos depois daquele episódio, fui procurado por um sujeito que dizia ter ficado preso comigo no DOI-Codi. Ele necessitava de uma declaração formal para obter o direito à anistia. Só depois de mais de meia hora de conversa consegui lembrar alguma coisa, embora tivéssemos compartilhado a mesma cela durante três ou quatro dias.

Meu colega de prisão lembrava que eu limpava obsessivamente talheres e pratos depois de comer, e esse detalhe me fez rememorar a cena.

Mas jamais esqueci a sensação de colocar sobre a cabeça o capuz que nos entregaram mais adiante e o cheiro assustador daquele pedaço de pano negro.

Enquanto isso, Rosa Lia seguia para a casa de Vlado, acompanhada à distância por um carro com faróis baixos. Ela tocou a campainha, e Clarice abriu a porta. Ivo e André estavam na sala, mas Vlado já se deitara. Desceu a escada de madeira do sobrado com um pijama verde-oliva de calças e mangas curtas. Rosa Lia repetiu textualmente o que eu pedira que dissesse:

— O Paulo Sergio falou para você ir para o sítio, porque ele e a Dilea acabaram de ser presos.

Vlado reagiu secamente:

— Eu não vou para o sítio, não tenho nenhum motivo para isso.

Dado o recado, minha irmã deixou o telefone e o endereço, caso eles precisassem de alguma coisa, e foi embora, novamente acompanhada pelo mesmo carro. Ao chegar em casa, avisou Lemos por telefone.

No DOI-Codi, Dilea e eu fomos inicialmente colocados num banco de madeira comprido. Por baixo do capuz, pude notar outras pessoas na mesma situação. O mais assustador era a mistura de ruídos. Portas batidas com força, gritos dos torturadores, urros de dor vagos e imprecisos, um rádio muito alto. Alguém começou a berrar conosco, exigindo que falássemos tudo. Depois, aproximou a cabeça do meu ouvido e disse:

— Olá, Cristiano...

Em seguida, cumprimentou Dilea:

— Olá, Glória...

Eram nossos codinomes. Procurei demonstrar espanto, informando meu nome e profissão. Dilea fez o mesmo, mas nosso interlocutor reagiu com ironia:

— Ah, você não sabe do que eu estou falando. Então vou refrescar a sua memória. Tragam aquele cara.

Minutos depois, mandou que tirássemos os capuzes. De pé, num macacão verde-oliva desengonçado, estava Serjão. Sem óculos, olhos esbugalhados, nariz aparentemente ralado, caminhava com dificuldade, e me pareceu muito confuso. Chegara àquele estado depois de passar pelas mãos de um certo capitão Ramiro.

Serjão não disse o que sofrera. Nem precisava. Apenas explicou que o partido caíra de cima para baixo e que nada adiantaria negar o que já se sabia ali. Pelo menos, foi o que depreendi da explicação que nos deu antes de ser levado de volta para a cela.

Imediatamente, fiz um sinal para o meu interrogador, demonstrando que entendera a situação. Mas Dilea começou a dizer que Serjão devia estar muito confuso, pois ela não se chamava Glória, nem tinha nada a ver com a história. Nosso interlocutor quis tirá-la dali, quando pedi que me desse uma chance de convencê-la. Expliquei que não adiantava negar o que eles já sabiam, até porque nem eu — e muito menos ela — tinha qualquer informação sobre outros companheiros que pudéssemos preservar.

Antes de eu saber se Dilea entendera a situação, recolocaram os capuzes e fomos levados para o primeiro andar. Entrei numa sala onde me obrigaram a tirar a roupa. Da sala ao lado, eu ouvia os gritos dos torturadores e a voz de Dilea respondendo. Percebi que minha mulher começava a ser torturada. Em seguida, ficou mais difícil imaginar o que acontecia com ela, pois passei a levar choques elétricos por todo o corpo, inclusive no pênis.

Além da dor intensa e aguda, o pior era não saber quando e de onde viria a próxima descarga, porque eu continuava com a cabeça coberta pelo capuz. O sujeito que me recebera quando estávamos no banco de madeira estava na sala, mas havia outros.

Até então, eu imaginava que o interrogatório seria como o que vira em filmes, quando o preso tem de responder mil vezes à mesma pergunta. Só que não havia perguntas — apenas um bordão: "FALA, FILHO DA PUTA!".

Cada vez que eu perguntava o que eles queriam saber, nova descarga elétrica. Afinal, me rendi. Não resisti como Henri Alleg ou como tantos militantes que morreram sem dizer uma palavra. Não cheguei ao limite da resistência física, como os que sofreram dias, semanas, meses antes de ceder. Nem sequer tive de enfrentar o jogo terrível de ganhar tempo, inventando histórias falsas, para permitir que outros militantes tivessem como escapar. Meu limite estava na sala ao lado. Tinha 1,60m, uma filha de seis meses, cabelos louros e olhos azuis.

Entre um choque e outro, escutando os gritos de Dilea, falei o nome dos cinco companheiros da base dos jornalistas a que eu pertencia. Também entreguei a base em que militara na faculdade — mas, naquele momento, ainda tentei preservar Vlado e os jornalistas mais velhos, com quem me relacionara recentemente. Não sei precisar quanto tempo isso durou, mas finalmente fui levado para uma cela.

Algum tempo mais tarde, o carcereiro apareceu diante da grade, com um capuz na mão, e lá fui eu para novo interrogatório. Sem saber com quem falava, logo percebi que meu interrogador sabia quanto se arrecadava mensalmente entre os jornalistas e o valor das contribuições individuais. Eu me rendi à aritmética e dei o nome de outros seis militantes, entre eles o de Vlado.

No sábado, ele e Clarice decidiram avisar Anthony de Christo de que o nome dele tinha sido citado e que poderia ser preso. Anthony participava das reuniões da base, embora não estivesse na *Visão*. Vlado ignorava o que eu sabia: que Anthony se separara há pouco, mas encontrou-o visitando os filhos na casa da ex-mulher, Carmem. Conversaram um pouco e foram procurar Konder, que morava perto. Mas ele não estava — sua mulher tinha sido operada.

Por coincidência, naquele mesmo sábado, perto da noite, me tiraram da cela. Alguém me perguntou se eu sabia o endereço de Anthony. Disse que sim e percebi que teria de levá-los até lá. O objetivo não era outro senão me humilhar, e desmoralizar o próprio Anthony no momento da prisão. De macacão e capuz, fui colocado no banco traseiro de uma Veraneio. Tiraram meu capuz e indiquei a casa, certo de que a caçada daria em nada, já que depois da separação ele fora morar sozinho.

Fiquei no carro com um motorista enquanto dois homens foram até o apartamento. Minutos depois, eles retornaram. Para minha surpresa e decepção, trazendo Anthony, que apenas me olhou, sem dizer nada. Só alguns dias mais tarde descobri que ele compreendera perfeitamente que eu não tinha alternativa.

Pouco depois de chegar em casa, Vlado recebeu um telefonema de Carmem, avisando que Anthony fora preso. Teve certeza de que estava sendo seguido e concluiu que o aviso da minha irmã fora uma armação do pessoal do DOI-Codi para encontrar o fio da meada. E, por isso, resolveu não avisar mais ninguém.

Vlado estava enganado — o que havia era incompetência e excesso de serviço. Entre sexta e sábado, foram feitas dezenas de prisões, e as equipes de captura eram compostas por policiais militares sem muita qualificação — o que permitiu a alguns militantes se safarem. Neuza Fiorda, a namorada de Serjão na época, estava sozinha na casa dos pais quando atendeu à porta o pessoal do DOI-Codi, à procura dela. Meio malvestida, explicou que era a empregada e que "dona Neuza" não estava. A Veraneio passou a noite na porta e, na manhã seguinte, foi embora. Miriam Ibánez decidiu dormir na casa da mãe depois disso e não foi encontrada, embora continuasse a trabalhar na Cultura. Marcelinho cruzou com a equipe do DOI-Codi, que estava em seu prédio à procura de outra pessoa, mas também escapou de ser preso, pois passou a dormir fora de casa.

No domingo, 19 de outubro, fui tirado da cela novamente. Alguém que não pude identificar — como sempre, eu usava um capuz — perguntou que dia era. Eu estava há menos de 48 horas no DOI-Codi, mas já perdera a noção do tempo. Suspeitei que fosse domingo e o fulano emendou:

— E o que tem neste domingo?

Não entendi a pergunta. O sujeito repetiu — queria saber o que tinha programado em casa. Afinal, lembrei-me do aniversário de Dilea e do batizado de Ana e ele continuou:

— Pois é, para provar que nós não somos esses demônios que vocês acham, vamos deixar você e a sua mulher batizarem a menina. Vista sua roupa, você vai sair.

A estranha resolução era resultado de uma conjugação de iniciativas. Do DOI-Codi, da própria Dilea e de João Baptista Lemos. Minha mulher não tinha sofrido muito com os choques elétricos. Estava de tênis, o que isolou boa parte das descargas. E repetiu várias vezes a mesma ladainha: tinha pouco a ver com aquela história de comunismo, era de família católica e no domingo ia batizar a filha na igreja São Judas Tadeu. Muito nervosa, teve uma grave queda de pressão durante o interrogatório. Examinada por um enfermeiro, foi transferida para uma cela especial onde haviam sido colocadas outras mulheres que, por uma razão ou outra, tinham recebido um tratamento mais ameno.

No sábado, Lemos fizera contato com o superintendente da Polícia Federal, o mesmo Gilberto Alves da Cunha que guiara os jornalistas na visita à gráfica clandestina do Partidão, sugerindo que fôssemos liberados para o batizado de Ana.

Até hoje ignoro se o intuito do doi-Codi era espalhar o terror, conferir se algum companheiro iria ao batizado ou praticar uma insólita ação de relações públicas. O fato é que me entregaram uma lâmina de barbear e um espelho. Depois, devolveram minhas roupas. Na Veraneio, reencontrei minha mulher.

Quatro homens nos escoltavam, com as armas guardadas em sacolas de mão. Fomos direto para a igreja de São Judas Tadeu, onde encontramos nossas famílias e frei Clarêncio Neotti, diretor da editora Vozes, para cuja revista Dilea costumava escrever. Ele viera do Rio especialmente para celebrar o batizado. Antes da cerimônia, pediu que fôssemos até a sacristia. Ao passarmos pela porta, esta se fechou, provavelmente por causa do vento. Os militares imediatamente cercaram o local, até que, instantes depois, abrimos a porta e tudo se resolveu.

Lembro que, na hora do batismo, frei Clarêncio fez uma espécie de homilia que remetia, indiretamente, à nossa estranha condição. Nenhum integrante da equipe do doi-Codi disse nada.

Na saída da igreja, os pais de Dilea propuseram que fôssemos até nossa casa, pois havia um almoço e um bolo de aniversário. A equipe de captura concordou com a sugestão. Na rua, sugeri que a mãe e a avó de Dilea fossem na Veraneio. Os militares aceitaram. Dilea e eu entramos no carro do meu pai, seguidos pela perua do DOI-Codi e por meu sogro. No caminho, contei em detalhes o que estava acontecendo e fiz uma lista de pessoas que meu pai precisaria contatar. O primeiro era Vlado.

Em casa, meu sogro abriu uma garrafa de uísque e começou a servir salgadinhos e bebida para nossos acompanhantes. Num cercadinho, no meio da sala de estar, Ana brincava tranquilamente. Ao lado, um dos militares, tendo aos pés a sacola que guardava a metralhadora, comentou sobre a cor dos olhos dela. Não aguentei muito tempo tamanha confraternização: depois de cantarmos os parabéns para Dilea e cortarem o bolo que a mãe dela fizera, pedi que fôssemos embora de vez. Como tínhamos de regressar ao inferno, aquele intervalo me parecia mais doloroso ainda.

Dilea arrebanhou alguns edredons para levar para sua cela. Não houve lágrimas na nossa despedida. Antes de voltar, ela pediu que os nossos acompanhantes comprassem — com o nosso dinheiro — um pacote de cigarros para suas companheiras. Ao entrar no pátio, fomos novamente separados. Dilea foi recebida com festa pelas companheiras presas numa sala no pátio externo, em condições menos difíceis que os outros, enquanto eu reencontrei meus colegas de cela.

Naquela mesma noite, meu pai esteve na casa da mãe de Marcelinho e procurou Vlado, que, cada vez mais desconfiado, fingiu não entender a nova mensagem: disse mesmo que eu deveria estar confuso, por causa da tortura, pois ele nada tinha a ver com o partido. Foi tão veemente que convenceu meu pai. De todo modo, na segunda-feira, Vlado levou meu pai para conversar com Mindlin. O secretário de Cultura estava nos Estados Unidos e eles só falaram com o assessor de imprensa, Armando Figueiredo.

Ao ser informado de que as prisões em São Paulo já passavam de oitenta, o general Geisel desabafou:

— O Brasil tinha que ser uma ditadura. Arranjavam um ditador e eu ia embora daqui.

Mas, para o público externo, Geisel manteve as aparências e declarou que havia muitos anos o Brasil não usufruía de tamanha liberdade.

Na quinta-feira, 23 de outubro, Vlado esteve na festa de despedida do adido de imprensa do consulado britânico, John Guild, que ia voltar para a Inglaterra. Lá encontrou Marquito e Konder. Numa espécie de diário, Marquito registrou o que aconteceu:

> Na saída, por volta das onze da noite, descemos do apartamento, eu, Vlado e Clarice Herzog. Vlado pede que eu vá até o carro deles para conversarmos um pouco. Ali dentro, eu no banco de trás, Vlado e Clarice nos bancos da frente do Volkswagen, ele me conta que recebera um aviso de Paulo Markun. [...]
>
> Na igreja, ele conseguira comunicar-se com o pai dele dizendo que "eles", quer dizer, o pessoal do DOI-Codi, tinham uma lista de nomes a serem "caçados" e os nossos nomes — do Vlado e o meu — estavam nesta lista, assim como vários outros.
>
> Isso significava que nós dois seríamos procurados e provavelmente presos.
>
> Eu disse ao Vlado que durante a semana isso não ocorreria, provavelmente por causa do congresso da Sociedade Interamericana de Imprensa que se realizava em São Paulo. Não

iriam prender jornalistas num momento desses. Na semana seguinte começaria no Rio o Congresso Internacional da Asta (American Society of Travel Agents). Estava prevista a vinda de duzentos ou trezentos jornalistas do exterior. Também seria um período inoportuno para prender jornalistas brasileiros.

A conclusão, portanto, é que qualquer "caçada" surpresa deveria acontecer no final da semana, entre o término de um evento e o início do outro.

O Vlado e a Clarice acharam que meu raciocínio era plausível. E o Vlado perguntou o que deveríamos fazer.

Respondi que eu sairia da cidade. Iria para uma fazenda no interior. Na semana seguinte, conforme estivessem as coisas, voltaria. Aconselhei-o a fazer o mesmo. Ele disse que tinha muito trabalho na TV Cultura. E que, além do mais, não tinha culpa no cartório; não era subversivo nem nada; não era criminoso. Se fossem procurá-lo para fazer perguntas, poderia responder a todas de cara limpa.

Insisti que vivíamos um momento político muito estranho no qual as coisas não estavam acontecendo de acordo com a lógica, o bom senso e a razão. As pessoas não eram procuradas para responder a perguntas sobre seus atos. Eram "caçadas" para serem acusadas de crimes e espancadas quando se negavam a admitir tais acusações. Portanto, era um momento perigoso: "Pegue a Clarice, suas crianças e vá passar um fim de semana no Rio de Janeiro, num bom hotel, sem dizer para onde foi. Na segunda-feira, a gente vê como as coisas ficaram". Ainda terminei o papo com uma brincadeira: "No mínimo, vocês terão uma espécie de lua de mel e voltam mais alegres".

Despedimo-nos. Eu nunca mais veria o Vlado.

Na manhã seguinte, Marquito recebeu um telefonema. Era Yara, mulher de Konder, informando que o marido acabara de ser preso. Ele tentou acalmá-la, dizendo que iria ao jornal denunciar a prisão. Desligou, pediu à mulher que pegasse as crianças, arrumasse as coisas e saísse de casa o mais rápido possível, passando numa loja para trocar os pneus do carro. Ele não voltaria para casa — ligaria para a loja, marcando um encontro. Na redação, escreveu uma notícia sobre a prisão do amigo, avisou outros companheiros que, imaginava, também estavam na lista e foi para o interior. Naquela noite e na seguinte, uma perua Veraneio com quatro homens ficou estacionada em frente à casa dele, relataria um vizinho mais tarde.

Na sexta à tarde, depois de pedir ao editor Demétrio Costa que colocasse o telejornal de sábado no ar, pois estava muito cansado e queria passar o final de semana com a família, Vlado chamou Miriam Ibañez para uma conversa. Os dois nem sequer tinham sido apresentados como membros do partido e jamais haviam se falado a não ser sobre trabalho, mas, depois da minha prisão, ela lhe informara que estava sendo procurada e deixou-o à vontade para, se fosse o caso, demiti-la. Debaixo da grande figueira que funcionava como uma espécie de ponto de atração no pátio da emissora, Vlado contou sobre o recado que meu pai dera. Estava preocupado, temia que eu tivesse citado o nome dele como membro do partido. Imaginava que poderia ser chamado a depor e não pretendia se expor. Mas estava certo de que nada falaria:

— Vou insistir, que sou apenas o diretor do telejornal. E, se perguntarem, direi que não sei nada a seu respeito.

Explicando que pretendia ir para o sítio com a família ainda naquela noite, Vlado convidou-a para ir junto. Miriam agradeceu, mas argumentou que seria pior se a polícia a encontrasse no sítio dele. Continuaria onde estava, na casa da mãe.

Algumas horas mais tarde, Clarice atendeu dois homens. Os sujeitos diziam estar à procura de Vlado para que ele fizesse um freelance, fotografando um casamento naquele domingo. Clarice respondeu que o marido não fazia esse tipo de trabalho, mas, diante da insistência da dupla, explicou que ele estava na TV Cultura. Fechou a porta, telefonou para Vlado, colocou as crianças e malas no carro e seguiu para a emissora.

Os homens do DOI-Codi chegaram à Cultura antes de Clarice. Demétrio relatou deste modo o que aconteceu então:

> Naquela tarde, ele mesmo dirigiu a edição do telejornal e foi comigo (às 21 horas) acompanhar a transmissão da *Hora da Notícia*. Quase no fim do programa, desceu para ir à lanchonete. No fim da escada, os dois agentes já estavam à espera dele.
>
> Logo fui avisado e desci correndo para encontrar o Vlado no corredor que dá para o portão da TV. Um colega, o repórter Chico Falcão, já estava lá e eu fiquei junto. Não deve ter demorado um minuto para chegarem a Clarice e os dois filhos. Vlado se afastou um pouco e disse pra ela ir para o sítio com as crianças, que ele iria depois. Ela percebeu e encostou também. Vlado explicou que aqueles dois homens eram agentes e estavam ali para levá-lo. Clarice afastou as crianças, Vlado fez menção de andar com os dois agentes até a porta da saída, quando o meu colega ponderou que ele não podia ir sem antes dar instruções para um programa que ainda seria transmitido naquela noite e para uma reportagem que seria feita no dia seguinte. Um dos agentes retrucou que não poderia esperar. "Ainda temos que passar em outros lugares." Vlado pediu que esperassem um pouco. Ele era diretor-responsável e eles podiam acompanhá-lo. Só por isso chegou a voltar à redação, onde os companheiros já se mobilizavam para conseguir a intervenção da presidência da Fundação.

Chico Falcão insistiu e um dos agentes ligou para um superior, que concordou em permitir que Vlado ficasse na emissora até as onze da noite, enquanto providenciavam alguém para substituí-lo. Um agente ficou sentado num canto da redação, e o outro, junto ao portão. Às 23h05, o homem que estava fora disse a Vlado:

— Bem, o senhor cumpre ordens e eu também estou cumprindo ordens. Mas chegamos a um acordo e então o senhor pode continuar o seu trabalho. O senhor deve se apresentar amanhã cedo, na rua Tomás Carvalhal, 1030.

— A que horas?

— Às oito.

— Devo procurar quem?

— Capitão Borges.

— Estarei pontualmente lá. Agradeço a compreensão dos senhores. Boa noite.

Antes de irem para casa, Vlado ainda comentou com Clarice que aquela fora uma vitória dos jornalistas. Vlado e Clarice haviam desistido de ir para o sítio e foram para o sobrado onde moravam. Logo chegaram o setorista da TV Cultura no II Exército, Paulo Nunes, e João Baptista Lemos, amigo de Herzog de longa data. Conversaram um pouco, Lemos foi embora, mas, como Vlado prometera se apresentar logo cedo, o setorista dormiu na sala da casa. Clarice e Vlado subiram para o quarto do casal e tomaram um remédio para dormir. Ela o alertou para a dificuldade de enfrentar os companheiros presos numa possível acareação (eles podiam ter falado), mas ele disse que confiava em suas forças. Sabia que poderia ser torturado, mas repetiu o que dissera para Marquito, dois dias antes: não era criminoso, nem subversivo, poderia se explicar.

No sábado pela manhã, Clarice ofereceu-se para levá-los ao DOI-Codi, mas ele recusou: tomou banho, fez a barba, deu um beijo nela e saiu com Paulo Nunes. Ela achou o marido tão tranquilo que nem o acompanhou até a porta. No bar da esquina, os dois tomaram um café com rosquinha. Depois, pegaram um táxi rumo ao Paraíso.

O primeiro amigo a notar que Vlado estava no DOI-Codi foi Konder. Entre um interrogatório e outro, desde que fora preso, ele ficava horas naquele banco de madeira em que eu estivera ao chegar. Konder reconheceu o amigo pelos sapatos — eram fregueses da mesma loja.

Mais tarde, ele e o jornalista George Duque Estrada, igualmente detido na sexta-feira, foram levados até uma sala no andar térreo:

> Vladimir estava lá, sentado numa cadeira, com o capuz enfiado e já de macacão. Assim que entramos na sala, o interrogador mandou que tirássemos os capuzes, por isso nós vimos que era Vladimir e vimos também o interrogador, que era um homem de 33 a 35 anos, com mais ou menos 1,75m de altura, uns 65 quilos, magro mas musculoso, cabelo castanho-claro, olhos castanhos apertados e uma tatuagem de uma âncora na parte interna do antebraço esquerdo, cobrindo praticamente todo o antebraço. Ele nos pediu que disséssemos ao Vladimir "que não adiantava sonegar informações". Tanto eu como Duque Estrada de fato aconselhamos Vladimir a dizer o que sabia, inclusive porque as informações que os interrogadores desejavam ver confirmadas já tinham sido dadas por pessoas presas antes de nós. Vladimir disse que não sabia de nada e nós dois fomos retirados da sala e levados de volta ao banco de madeira onde nos encontrávamos na sala contígua. De lá, podíamos ouvir nitidamente os gritos, primeiro do interrogador e depois de Vladimir, e ouvimos quando o interrogador pediu que lhe trouxessem a "pimentinha" e solicitou a ajuda de uma

equipe de torturadores. Alguém ligou o rádio e os gritos de Vladimir confundiam-se com o som do rádio. Lembro-me bem que durante essa fase o rádio dava a notícia de que Franco havia recebido a extrema-unção, e o fato me ficou gravado, pois naquele momento Vladimir estava sendo torturado e gritava. A partir de um determinado momento, o som da voz de Vladimir se modificou, como se tivessem introduzido alguma coisa em sua boca; sua voz ficou abafada, como se lhe tivessem posto uma mordaça. Mais tarde, os ruídos cessaram.

Depois do almoço, Konder foi novamente acareado com Vlado. Encontrou outra situação na sala de interrogatório:

Vladimir estava sentado na mesma cadeira, com o capuz enfiado na cabeça, mas agora me parecia particularmente nervoso, as mãos tremiam muito e a voz era débil.

Em seguida, o interrogador pediu a Vladimir que falasse com Konder a respeito de uma reunião, sem especificar qual.

Vlado disse: "Me parece que lá tinha um homem de cabelos grisalhos". E eu disse: "Até onde me lembro, Vlado, era um sujeito de cabelos escuros". Vladimir então respondeu: "É possível que sim, eu estou muito confuso". O interrogador então fez um gesto para que nós — eu e o interrogador — saíssemos novamente. Na hora de sair da sala, eu fiz um gesto com a mão para o interrogador, pedindo-lhe que esperasse um segundo e, antes de sair, me aproximei de Vladimir e apertei seu ombro, num gesto de amizade.

Na solitária, a poucos metros, Serjão escutou os gritos do interrogador para Vlado:

— Quem são os jornalistas? Quem são os jornalistas?

A essa altura, embora Serjão não soubesse, havia mais de cem presos no DOI-Codi. Estudantes, professores aposentados, operários, advogados, arquitetos, e doze jornalistas. Pela ordem de entrada, o próprio Serjão, Frederico Pessoa da Silva,[7] Dilea e eu, Ricardo Moraes, Luiz Paulo Costa, Anthony de Christo, Marinilda Marchi, Rodolfo Konder, Duque Estrada, Pola Galé e Vlado.

Serjão não ouviu mais nada. Só percebeu um grande silêncio. Mais algum tempo, notou um movimento inusitado. Na cela do fundo do corredor, no mesmo piso térreo, Anthony e eu havíamos ouvido gritos. Agora, ele comentou comigo que o ambiente estava mais quieto que o normal e perguntou se os gritos que tínhamos escutado não seriam de Herzog. Duvidei, porque não fora acareado com Vlado, o que seria provável, nas circunstâncias.

No domingo cedo, fui retirado da cela pelo carcereiro e, no primeiro andar, recebi a ordem para escrever tudo o que sabia sobre ele. Imaginei que Vlado ainda estivesse livre ou que os torturadores buscassem dados para seu interrogatório, e procurei informar o mínimo possível: omiti qualquer referência sobre seu temperamento, psicodrama,[8] vida familiar.

Quando terminei o texto, me levaram para uma sala onde encontrei quatro jornalistas de macacão verde-oliva, como eu: Konder, Duque Estrada, Anthony e Frederico Pessoa da Silva. Ao olhar meus companheiros, reparei num detalhe curioso: Konder mantivera, sabe-se lá como, a camisa social branca por baixo do macacão e, num gesto improvável, dadas as circunstâncias, havia colocado as pontas do colarinho para fora.

Um sujeito moreno, gordo, estatura mediana e barba emoldurando o rosto redondo parecia ser o chefe. Ao lado dele estavam um japonês de uns quarenta e poucos anos e outro homem mais jovem, magro e alto, que, suspeito, era um dos que tinham me torturado.

    Depois de uma longa e confusa explicação sobre a espionagem russa no Brasil, o chefão nos disse que Vlado era, ao mesmo tempo, um agente da KGB e o braço direito de Paulo Egydio. E que, ao ser descoberto, se suicidara.

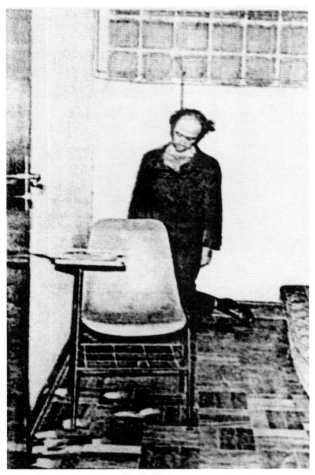

A foto de Vlado enforcado, uma imagem que ficaria em nossa memória para sempre. (Secretaria de Segurança Pública/ Divisão de Criminalística de São Paulo/AJB)

10 Temor e resistência

A NOTÍCIA DE QUE VLADO ESTAVA MORTO nos chocou, evidentemente. A mim, provavelmente, mais que aos outros. Contestei todas as afirmações — seu suicídio, sua suposta condição de agente da KGB e o vínculo com o governador, pois eles nem se conheciam.

Mas o sujeito, irritado, me disse que nem eu nem meus companheiros sabíamos de coisa nenhuma. E que eles tinham obtido informações junto ao serviço secreto inglês sobre a condição de Vlado como membro da KGB.

Segundo ele, o Partido Comunista tinha uma direção secreta, acima daquelas pessoas com as quais tínhamos contato. Gente insuspeita e poderosa, como um cardeal, um general, um governador ou um juiz. Era assim em todos os países — e também no Brasil.

O tal fulano garantiu ainda que o Partidão aprovara uma resolução secreta que admitia a luta armada. Contestamos também. Konder e Duque Estrada chegaram a entabular uma conversa meio sem pé nem cabeça, sobre o papel das Forças

Armadas na América Latina, até que o chefe apontou para a máquina de choque que estava sobre a mesa e disse:

— Vocês acham que essas máquinas são perigosas, mas o choque não faz nada, só assusta. Você aí (e apontou para mim) pode girar a manivela.

O homem que, suponho, tinha me torturado segurou as pontas dos dois fios com os dedos, enquanto eu acionava a máquina, não muito rápido, para não receber o troco mais tarde. O interrogador aguentou o tranco sem muito problema, até que parei de girar a manivela. Isso me transforma talvez no único torturado a ter vivido essa troca de papéis no campo do inimigo, ainda que por alguns instantes.

Afinal, depois de repisar a história do suicídio, apresentado como o gesto extremo de alguém submetido a uma forte pressão psicológica, nos mandaram de volta às celas.

Na manhã seguinte, depois de assinar um pedido formal e um compromisso de que me apresentaria às oito da manhã de terça-feira, eu, Konder, Duque Estrada e Anthony fomos liberados para ir ao enterro.

Vesti minhas roupas novamente e, já sem capuz, no banco de trás de uma Veraneio, cruzei com meu pai, que andava de moto em plena avenida 23 de Maio. Ele nos seguiu até em casa, onde reencontrei minha filha e Dilea, solta dias antes e já informada de que eu seria liberado. Tomei um banho, troquei de roupa e fomos para o velório, no Hospital Albert Einstein.

Havia muita gente ali. Reconheci colegas de profissão e alguns políticos, entre eles Alberto Goldman, os senadores Franco Montoro e Orestes Quércia, e dom Paulo Arns. Notei o espanto com que me olhavam, mas tinha apenas uma preocupação: como seria recebido por Clarice?

Apesar dos recados que mandara, o marido dela estava morto e eu continuava vivo, quando a lógica teria sido que o contrário tivesse acontecido. No íntimo, eu me culpava pela morte de Vlado e temia que ela fizesse o mesmo.

Diante do caixão lacrado, Clarice abraçou-me. Perguntei se ela achava que Vlado tinha se suicidado, e a veemente reação dela deu-me certeza do que ocorrera.

Randau Marques, repórter do *Jornal da Tarde*, tentou me entrevistar. Perguntou se eu tinha sido bem tratado. Respondi evasivamente:

— Depois da morte do Vlado, estão nos tratando bem.

Randau nada mais perguntou, nem eu lhe disse coisa alguma.

Dez anos depois, o ator Juca de Oliveira, que não me conhecia até então, me disse que me abraçou longamente no pátio do hospital, para evitar a ação de fotógrafos e cinegrafistas, que registravam o velório para os organismos de segurança. Simplesmente não me lembro da cena.

Clarice não fora a primeira a saber da morte do marido. Às três da tarde do sábado, Paulo Nunes telefonara dizendo que não queria ser muito otimista, mas que não havia nada no DOI-Codi contra Vlado. Mesmo assim, ela avisou dona Zora, que reagiu dizendo que o filho dela ia morrer.

Em seguida, Clarice começou a receber telefonemas estranhos, perguntando por Paulo Nunes. Finalmente, o presidente da Fundação, Rui Nogueira Martins, que fora informado da morte de Vlado pelo secretário de Segurança, ligou para ela e disse:

— Vou tomar a ousadia de visitá-la em casa.

Acompanhado por várias pessoas, o presidente da Fundação entrou, sentou-se na sala e começou a repetir que as coisas tinham se complicado. Não foi muito longe. Logo Clarice entendeu o que não fora dito e começou a gritar:

— MATARAM O VLADO! MATARAM O VLADO!

Nesse momento, Fátima Jordão entrava no corredor de acesso ao sobrado. Clarice correu para abraçá-la, gritando. Minutos depois, Rui Nogueira Martins foi embora, convencido de que havia cumprido sua missão. Logo a casa começou a se encher de amigos — Mino Carta, João Baptista de Andrade, Gabriel Romeiro, Fernando Jordão.

A morte de Vlado começava a provocar uma onda crescente de medo e indignação na sociedade. Mino Carta foi um dos primeiros a se mobilizar, antes mesmo da morte de Vlado, denunciando a onda de prisões daquela sexta-feira. Ele havia contratado Weis como editor da *Veja*, tão logo ele deixara a Cultura. Na noite de sexta, quando a redação fechava a revista, Mino fora informado por Weis de que os homens do DOI-Codi tinham estado na TV e que Vlado se comprometera a se apresentar na manhã seguinte. Às quatro da manhã, quando Weis chegou em casa, havia uma Veraneio estacionada na porta. Ele ligou para Mino, que o mandou voltar para a redação e começou a tentar contato com o governador e com Golbery. Só conseguiu localizar o cardeal.

Naquele tempo, dom Paulo era uma espécie de porto seguro a que os perseguidos recorriam. Meses antes, numa audiência, o general Ednardo lhe propusera uma espécie de pacto contra a pornografia. Para o comandante do II Exército, a multiplicação de revistas que vendiam o sexo tinha uma origem: editoras controladas por judeus.

A conversa que se seguiu foi a seguinte, de acordo com o próprio cardeal:

— Somos contra a pornografia, sobretudo exposta a quem não queira vê-la e, assim, imposta aos jovens e aos lares brasileiros. A Igreja lutará com os meios à sua disposição, mas jamais participará de qualquer campanha que possa ferir judeus ou lembrar o antissemitismo, de todo inaceitável.

Dom Paulo aproveitou a oportunidade para cobrar um fato que o incomodava.

— Por que insistem as autoridades em prosseguir na política dos arrastões, isto é, na tática de prender um grande número de pessoas de uma só vez, para assegurar a captura de uns quatro ou cinco, que seguiriam para um processo sempre mais severo e menos apoiado por advogados e familiares?

Ednardo negou que fosse assim. Dom Paulo apresentou exemplos e acrescentou:

— Isso se realiza de dois em dois meses e já sabemos quais as classes escolhidas para os próximos arrastões. Em outubro será a vez dos jornalistas.

O cardeal fez mais uma pergunta incômoda:

— Como podemos saber se alguém é sequestrado por agentes do DOI-Codi ou pelos assim chamados assaltantes e delinquentes comuns?

Resposta do general:

— Se não for sequestrado o governador, nem o cardeal, nem o comandante, o senhor pode estar certo de que foram os nossos agentes que iniciaram uma pesquisa com tais indivíduos desaparecidos.

— Então por que sequestrar, se as forças antigovernamentais já estão dominadas?

— O senhor é bispo e deve cumprir seu dever de levar conforto e consolo aos que sofrem. Minha incumbência é a de garantir a vitória final sobre o inimigo. Compreendo sua missão. O senhor deverá também compreender a minha.

No mesmo dia em que Dilea e eu fomos para o DOI-Codi, tinham sido presos a arquiteta Christina de Castro Mello, o filho do jornalista Miguel Urbano Rodrigues, estudante de biologia, e a historiadora Sarita D'Ávila Melo, prima em segundo grau do comandante do II Exército. O general Ednardo

D'Ávila Melo levava tão a sério sua missão que não aliviou em nada a condição de Sarita. Visitou-a, perguntou aos interrogadores se ela havia falado e só depois de ter essa confirmação quis saber se a historiadora precisava de alguma coisa.

Naquela manhã de sábado, com Mino Carta a seu lado, dom Paulo tentou, sem sucesso, um contato com o general Ednardo. Em seguida, falou com a primeira-dama do estado, que lhe forneceu o telefone em que poderia encontrar o governador, que estava na hidrelétrica de Ilha Solteira, no interior. Paulo Egydio se disse surpreso com a multiplicação das prisões, mas remeteu dom Paulo para seu secretário de Segurança. Demorou dez horas até conseguirem falar com o coronel Erasmo Dias. Aí, era tarde demais.

Às seis da tarde, dom Paulo conseguiu afinal uma ligação com Golbery e informou-o da tortura e morte de Vlado. O chefe da Casa Civil da Presidência ficou em silêncio. Em seguida, o cardeal ouviu um barulho forte e seu interlocutor disse:

— Isso é um absurdo! Isso é um absurdo! Desculpe o barulho no telefone, sinal de minha indignação.

Em uma nota escrita horas antes da prisão de Vlado e publicada no *Shopping News* daquele domingo, o colunista Cláudio Marques tentou fazer graça com a situação: "Há certas horas em que a gente, com o mais puro sentimento de coleguismo, fica preocupada com os novos hóspedes do Tutoia Hilton".

Fernando Jordão e Fátima não tiveram tempo de se incomodar com o trocadilho imbecil do jornalista que comparava o doi-Codi a um hotel de luxo. Depois de varar a noite na casa de Clarice, foram ao encontro do cardeal. Dom Paulo também estava indignado:

— Não sei se não é hora de um protesto mais forte. Quem sabe, sair pela rua... Dá vontade, é um direito que nós temos, de sair pelas ruas, gritar, protestar contra isso tudo. Mas eu não sei...

Alguns dias antes Vlado procurara Audálio Dantas para discutir o que fazer diante da campanha oficialmente comandada por Cláudio Marques. O presidente do sindicato estava em Presidente Prudente, fazendo uma palestra, quando recebeu a notícia da morte dele. Voltou às pressas a São Paulo e transformou o sindicato no ponto de encontro dos profissionais que buscavam reagir àquela violência.

A nota oficial do II Exército chegou às redações no final da noite de sábado. Ela informava que, "citado por seus companheiros", o nome de Vlado havia aparecido durante as diligências que revelaram a estrutura e as atividades do comitê estadual do Partido Comunista. Ele teria relutado inicialmente em admitir "suas ligações a atividades criminosas", mas, acareado com Konder e Duque Estrada, que a nota classificava de delatores, "admitiu o sr. Vladimir Herzog sua atividade dentro do PCB, sendo-lhe permitido redigir suas declarações de próprio punho".

O bilhete, ditado à força em meio às torturas, assim se transformava em gentil permissão dos militares. E, então, teriam sido eles surpreendidos pelo desfecho inesperado:

> Cerca das dezesseis horas, ao ser procurado na sala onde fora deixado desacompanhado, foi encontrado morto, enforcado, tendo para tanto utilizado uma tira de pano. O papel contendo suas declarações foi achado rasgado, em pedaços, os quais, entretanto, puderam ser recompostos para os devidos fins legais.

A nota dizia que a perícia técnica fora solicitada e que nada fazia supor nas atitudes de Vlado "o gesto extremado por ele tomado". O documento terminava com uma frase lapidar — e absolutamente falsa, como quase todo o resto: "As prisões até hoje efetuadas se enquadram, rigorosamente, dentro dos preceitos legais, não visando a atingir classes, mas tão somente salvaguardar a ordem constituída e a segurança nacional".

O Instituto Médico Legal forneceu um atestado de óbito informando como causa da morte "asfixia mecânica por enforcamento". O laudo necroscópico era assinado pelos legistas Arildo T. Viana e, de novo ele, Harry Shibata. Foram distribuídas também fotos do corpo de Vlado pendendo, pendurado por um cinto, da grade de ferro instalada diante de tijolos de vidro. Estava de macacão verde-oliva, com as pernas arqueadas para o lado, calçando meias pretas e os mocassins que Konder identificara. Diante dele, uma carteira de plástico com alguns papéis sobre o tampo. No chão, pedaços de papel. Ao lado, um colchão sobre o piso de tacos.

Outra foto reproduzia o bilhete reconstituído. Vlado escrevera seu nome com W. Além dos termos que ele jamais usaria, como *aliciado*, ficava evidente que, na primeira versão, ele escrevera apenas os nomes de Konder, Marquito e Weis. Anthony, Antonio Prado, Miguel Urbano Rodrigues e eu aparecíamos numa linha sobrescrita, como se exigida por quem o interrogava.

Clarice ainda tentou conseguir outra autópsia, mas não achou três médicos dispostos a fazê-la naquele momento crítico. Mas a versão do suicídio simplesmente não pegou. Primeiro, pelo fato de Vlado ter se apresentado voluntariamente. Depois, pelo fato de que a incipiente liberdade de imprensa proporcionada pelo governo facilitou a reação dos jornalistas, da Igreja e dos estudantes. E, finalmente, porque, nos contatos informais com integrantes da oposição e jornalistas, o próprio governo admitiu que o golpe contra o partido e a campanha contra a Cultura eram parte de um processo muito maior, que buscava enquadrar ou derrubar Geisel, Golbery e Paulo Egydio.

Essa operação tinha no ministro do Exército, Silvio Frota, o polo aglutinador. Na noite daquele sábado, Frota deu uma festa e foi brindado como futuro presidente da República. No domingo, Mino Carta falou com Golbery. O chefe da Casa Civil começou a gritar ao telefone, dizendo que era mentira que Vlado tivesse se suicidado, como se precisasse provar isso a seu interlocutor. Golbery também explicou que era a preparação de um golpe dentro do golpe e que os alvos eram Geisel e seu governo. E recomendou ao jornalista: "Vá ao Paulo Egydio, ele precisa entrar em contato".

Mino seguiu o conselho e encontrou Paulo Egydio junto de Fernando Faro e o presidente da Fundação Padre Anchieta, Rui Nogueira Martins. O presidente e Faro foram embora, e Mino acabou presenciando a conversa telefônica de Egydio com o coronel Paiva, do SNI. O diretor da *Veja* notou como o militar mandava no governador, que tentou, sem sucesso, explicar como a TV Cultura contratara um comunista:

> O pessoal da Cultura foi embora e o governador pediu que eu ficasse. Chorava copiosamente. Chorou três horas a fio e acabou comendo uma omelete recheada a Diempax. Tomava assim Diempax pelo gargalo. E chorava como um desesperado. Dizia que a coisa estava chegando a um ponto de fratura.

O Sindicato dos Jornalistas tornou-se o polo de atração para onde acorreram os jornalistas. O medo era grande, mas a disposição de resistir era crescente. Com Audálio Dantas no comando, foi elaborada uma nota cautelosa, que rejeitava a versão oficial. O documento apontava a responsabilidade da autoridade pela integridade das pessoas colocadas sob sua guarda e reclamava "um fim a esta situação em que jornalistas profissionais, no pleno, claro e público exercício de sua profissão, cidadãos com trabalho regular e residência conhecida, permanecem sujeitos ao arbítrio de órgãos de segurança". A morte de Vlado não era definida como suicídio, nem como assassinato, apenas acompanhada pela expressão "desfecho trágico".

A mesma mistura de temor e resistência, verificada nas reuniões e no velório, repetiu-se no enterro.

Dilea e eu chegamos atrasados ao cemitério israelita do Morumbi, em razão do trânsito. Duque Estrada, Konder e Anthony estavam lá, mas nos mantivemos separados uns dos outros.

O jornalista Emanoel Martins citou o profeta Jeremias. A atriz Ruth Escobar, toda de preto, resumiu o sentimento de todos:

— Até quando vamos continuar suportando tanta violência? Até quando vamos continuar enterrando nossos mortos em silêncio?

Audálio recorreu a Castro Alves:

Senhor Deus dos desgraçados!
Dizei-me vós, Senhor Deus!
Se é loucura... se é verdade
Tanto horror perante os céus!?

Os líderes religiosos judeus enterraram Vlado o mais rapidamente possível. Tão depressa que, por pouco, dona Zora não teria acompanhado a descida do caixão à sepultura aberta na quadra 28, distante do local reservado aos suicidas no cemitério judaico.

Marcelinho não foi ao velório nem ao enterro: passara o final de semana na casa dos pais e, na manhã de segunda, estranhou quando sua mãe não quis lhe entregar o jornal. Finalmente, ela cedeu, explicando que um jornalista da TV Cultura havia morrido. Trancado no banheiro, meu amigo chorou lendo o jornal. A notícia era ilustrada com a foto que Vlado lhe mostrara menos de um mês antes, feita para tirar outra carteira de trabalho.

Na tarde daquela segunda-feira, Audálio e outros diretores foram até o II Exército. O general Ednardo estava em Brasília, participando da reunião do Alto-Comando. Os jornalistas foram recebidos pelo chefe do Estado-Maior, general Antônio Ferreira Marques, pelo coronel Paes e por Ariel Pacca, comandante da 2ª Região Militar. Os militares advertiram os dirigentes sindicais por estarem agitando os jornalistas. Pacca estava indignado:

> Imagina se nós somos burros! Duvidar da informação que nós demos é nos chamar de burros! Então vocês acham que iríamos prender um sujeito e matá-lo no mesmo dia? Se ele não tivesse informação a dar, não teria sentido. E se tivesse, teria menos sentido ainda, porque aí é que interessaria mantê-lo preso para obter as informações.

Os militares entregaram os laudos do IML. A mentira ganhava foro de verdade com carimbo oficial.

11 Um táxi para o DOI-Codi

NA MANHÃ DE TERÇA-FEIRA, 28 DE OUTUBRO, encontrei Duque Estrada, Konder e Anthony na casa da ex-mulher dele, Carmem, que ficava próxima à dos outros dois. Foi talvez a mais inacreditável — e, para mim, a última — reunião de base de que participei. Não havia qualquer representante do sindicato, nenhum advogado, ninguém. Tomamos juntos o café da manhã, avaliamos nossa condição e concluímos: não havia nada a fazer, salvo voltar ao DOI-Codi, de onde tínhamos saído para ir ao enterro.

Apanhamos um táxi e fomos até a rua Tomás Carvalhal. Batemos no portão de ferro, até uma sentinela atender. O sujeito perguntou o que nós queríamos. Alguém explicou que estávamos voltando, como combinado. A sentinela estranhou e fechou o postigo. Aguardamos um pouco, até alguém abrir a porta, perguntar nossos nomes e explicar que a entrada não era por ali, mas pela delegacia da rua Tutoia, do outro lado do quarteirão. O sujeito seguiu conosco a pé, pela calçada, até a outra entrada. Lá dentro, tiramos as roupas, vestimos os macacões e voltamos para nossas celas. Anthony ficou comigo, Duque e Konder foram para outro lugar.

Parece cena de filme, mas aconteceu. Ao pesquisar os documentos guardados no Arquivo do Estado para este livro, notei outro detalhe que revela o insólito daquela situação — a relação de bens arrolados pelo pessoal do DOI-Codi naquele meu estranho regresso:

1 – Uma calça, uma camisa e uma blusa;
2 – CR$ 25,00 (vinte e cinco cruzeiros);
3 – Um certificado de dispensa de incorporação n° 38346/4ª CSM;
4 – Uma carteira nacional de habilitação n° 1420.200/SP;
5 – Uma aliança de metal branco;
6 – Um porta-documento de plástico;
7 – Uma cédula de identidade RG. 5.450.406;
8 – Um título eleitoral n° 503.170/157ª seção.

Fico pensando o que me levou a carregar o título de eleitor e o certificado de dispensa de incorporação... Uma tentativa de provar que estava em dia com minhas obrigações de cidadão?

Meu nome aparecia na *Folha da Tarde* daquela terça-feira. Sob o título "Herzog é sepultado; perícia confirma suicídio", dizia a matéria, lá pelas tantas:

> Paulo Markun, integrante do "Partido" Comunista, citado no depoimento do suicida e que estava preso, foi liberado pelo II Exército a tempo de comparecer ao velório. Markun pouco falou, pois — afirmou — tudo o que sabe sobre o suicídio é praticamente o que já foi publicado.

Jornalismo definitivamente não era o forte daquela publicação sobre a qual já disseram ter sido o jornal com maior tiragem — de tira, termo de gíria que quer dizer policial.

Dos outros companheiros citados no bilhete de Vlado, Miguel Urbano Rodrigues estava em Portugal, e Alberto Prado, no Canadá. Acompanhado por Audálio, Mino e José Roberto Guzzo,[1] editor-chefe da *Veja*, Weis apresentou-se ao DOI-Codi na manhã daquela terça-feira e ficou detido. Depois de ser informado da morte de Vlado, Marquito reuniu a família, descartou a possibilidade de pedir asilo numa embaixada e resolveu deixar a fazenda onde passara o fim de semana e voltar para São Paulo.

Na redação, encontrou Konder e Duque Estrada, e assustou-se ao ver os amigos soltos. Não perguntou muita coisa — só quis saber como haviam saído. Pediu um conselho: o que fazer se fosse chamado ao DOI-Codi. Os dois explicaram que não faria diferença se confirmasse ou rejeitasse as acusações que fariam a ele, pois já tinham confessado sua ligação com o partido. Depois de muita negociação, Marquito foi autorizado a prestar seu depoimento no II Exército e dormir todas as noites em casa.

Fiquei no DOI-Codi até quinta-feira, 30 de outubro, quando fui transferido para o Dops. Depois da morte de Vlado o tratamento no DOI-Codi melhorara. Pararam de torturar jornalistas e outros profissionais liberais. Mas, para manter o clima de terror, prenderam algumas pessoas sem qualquer militância. Até um pipoqueiro acabou sendo torturado sabe-se lá por que motivo.

Foi só então que redigi as tais declarações de próprio punho, detalhando minha militância e confirmando o que já fora arrancado sob tortura. Elas eram escritas quando o preso estava prestes a ir para o Dops ou ser libertado — alguns passaram pelo DOI-Codi, mas nem foram processados. No Dops, eram datilografados e se arregimentavam até transeuntes para assinar tais documentos na condição de testemunhas. Os presos eram obrigados a confirmar tais declarações com sua assinatura, sob pena de voltarem ao DOI-Codi caso tentassem modificar qualquer palavra.

Esse sistema torna ainda mais difícil entender por que obrigaram Vlado a escrever um bilhete tão curto. Não descarto a hipótese de que fosse uma condição para que o liberassem naquele mesmo sábado. Suas declarações de próprio punho seriam bem maiores, ainda que ele fosse apenas um militante de base.

Marco Antônio Coelho escreveu o suficiente para preencher 21 folhas datilografadas; Serjão redigiu o equivalente a onze páginas. Meu rascunho resultou em seis páginas.

Havia um modelo a ser seguido, que começava pela qualificação — "Eu, Paulo Sergio Markun, brasileiro, casado, filho de Bernardo Markun e Maria Benedicta Cerqueira Markun, nascido aos sete dias de setembro de 1952, na cidade de São Paulo, estado de São Paulo, passo a prestar declarações de próprio punho sobre meu ingresso nas esquerdas, a saber". Em seguida, tínhamos de descrever quem, quando e como tínhamos sido aliciados, local e data das reuniões, quais os participantes e seus codinomes etc.

Era impossível negar o que havíamos confessado sob tortura e muito menos denunciar os maus-tratos, mas alguns conseguiam deixar lacunas ou pistas que pudessem ser interpretadas de maneira diferente, mais tarde, durante a fase de processo. Marco Antônio Coelho referiu-se apenas ao período posterior ao dia 20 de fevereiro: "O interrogatório é normal, mas sem a assistência de meu advogado. A partir do dia acima citado, ele se deu num ambiente de respeito à condição do preso. Nesta última semana a alimentação foi normal e o mesmo posso dizer do repouso noturno".

Como tinha sido preso um mês antes, o lapso temporal lhe permitiu denunciar os maus-tratos a que fora submetido por três semanas, durante o primeiro interrogatório perante a Justiça Militar.

Também éramos obrigados a responder a um longo questionário. Idealizado no tempo da repressão às organizações que apostavam na luta armada, ele fazia ainda menos sentido quando aplicado a quem, como a maioria dos militantes do Partidão, tinha vida legal.

Muitas respostas beiravam propositadamente o ridículo. As perguntas incluíam a condição de vida no momento da prisão, se legal ou ilegal, como o preso conseguira documentos falsos, função na organização, outros membros da célula, definição de dirigente, militante, simpatizante, apoio e aliado, identificação de todas as pessoas que poderia incluir em cada uma dessas categorias, narrativa minuciosa das reuniões a que estivera presente, aparelhos que conhecera, composição da direção nacional, territoriais, distritais e células "através dos tempos", organograma da organização, desde a cúpula até as células, encarregados dos setores de finanças e agitação e propaganda, recebimento dos órgãos de divulgação da organização, utilização de órgãos legais de comunicação (rádios, jornais etc.) pela organização, membros da organização no exterior, esquema de obtenção de documentos falsos e de saída dos dirigentes clandestinos, objetivos da organização a curto, médio e longo prazos, paralelo entre a linha política da organização e a de outros grupos de esquerda, cisões ou rachas ocorridos, funcionamento da rede de apoio do preso, relação de pessoas que estavam para ser "ganhas" pelo grupo, atividades de propaganda, ações armadas, roubos de carro, assaltos e até justiçamentos de que teria participado.

Em minhas declarações de próprio punho esclareci que algumas reuniões realizadas em minha casa, como a que ocorrera em 1972, em torno de Miguel Urbano Rodrigues, não tinham sido encontros do partido. A essa altura, Miguel já vivia em Portugal, mas o detalhe inocentava outros participantes que não eram militantes. Ressaltei também que a decisão de participarmos da campanha sindical dos jornalistas não incluíra a indicação de nenhum membro da chapa de oposição. E neguei ter tido qualquer contato partidário com Miriam, Weis e Vlado durante o tempo em que trabalhara na Cultura.

Não tive como incluir qualquer menção à tortura nesse questionário, nem omitir o nome dos companheiros que citara no primeiro interrogatório, mas consegui responder a 25 das 37 perguntas com "nada a declarar", "nunca participei disso", "nada sei a respeito". E fui liberado de redigir a autocrítica, até então igualmente obrigatória. Entre as questões propostas nesse mea-culpa havia estas:

"Após sua prisão, você teve tempo de refletir. Faça uma autocrítica de sua vida, como militante da organização."

"Você acha que agiu corretamente ao se integrar na organização? Caso positivo, você voltará a militar nessa ou noutra organização? Por quê?"

"Algum dia você pensou em ser preso, cumprir longos anos de prisão, ou deixar seus entes queridos numa eterna angústia em razão de seus atos?"

"Foi válido esse sacrifício? O que você fez de objetivo para o bem do povo?"

"Acha que o comunismo é o regime ideal para o povo brasileiro? Por quê?"

"Você acha que o comunismo é uma forma de imperialismo ou de democracia?"

"Para você é um paradoxo existir uma democracia com um único partido político, senhor e único dono da verdade e dos destinos de seus concidadãos?"

"Acha que sua organização, seus líderes e mesmo você estejam capacitados a dirigir os destinos do povo brasileiro?"

"O que você acha de errado no atual regime brasileiro?"

"Caso você fosse designar um ministro da Educação, ou mesmo um ministro da Fazenda, quais as medidas que você adotaria para resolver os problemas educacionais e econômicos do povo brasileiro?"

"Houve, no seu entender, depois de 1964, mudanças para melhor no setor estudantil? E no setor operário? Caso positivo ou negativo, tente justificar sua opinião."

"Por que, na sua opinião, há influência de países estrangeiros na tentativa de mudança de nosso sistema político?"

As respostas de outros companheiros demonstram o esforço para manter a dignidade, apesar das condições. Sobre se agira corretamente ao entrar na organização, Serjão respondeu:

> O velho Confúcio dizia que "é medíocre o homem que aponta a lua e olha para o dedo". Quando entrei para o PCB, passei a conviver com rapazes e moças da minha idade e que tinham mais ou menos as mesmas aspirações que eu. Todos jovens corretos, dignos, alegres, amantes da vida, queridos por seus colegas e interessados pelo bem-estar do povo brasileiro e pela melhoria do ensino e convivência. Eu vivi, aprendi e me formei com eles.

Dilea escreveu que o Partidão "era um órgão onde eu encontrava os amigos e podia discutir livremente coisas que na faculdade eram proibidas". Quanto a erros do regime brasileiro, Serjão citou o arrocho salarial; Dilea, a miséria, a fome, a pobreza, a mortalidade infantil.

Vlado não chegou a produzir o tal *perguntório* e muito menos a autocrítica que os presos eram obrigados a fazer ainda no DOI-Codi (e que tinham que refazer no Dops para legalizar seu processo). O bilhete rasgado demonstra, sem qualquer sombra de dúvida, que ele já admitira sua militância. Mas ficam as perguntas: por que ele foi forçado a redigi-lo naquele momento? Estariam seus torturadores preparando sua liberação naquele mesmo sábado, como Paulo Nunes chegou a dizer para Clarice? Teria ele rasgado o papel num gesto de ira, provocando fúria em seu torturador, sabidamente violento? Ou houve uma tentativa de arrancar alguma confissão totalmente insustentável, envolvendo o governador ou José Mindlin? Frei Chico, irmão de Lula, apanhou para valer porque seus interrogadores queriam que ele "confessasse" que o irmão, que tinha ido para o Japão, levara uma carta para Luís Carlos Prestes — uma fantasia sem qualquer sentido.

Em 1992, Pedro Mira Grancieri,[2] o homem com uma âncora tatuada no antebraço e que se apresentava no DOI-Codi como capitão Ramiro, deu uma entrevista à *IstoÉ* e garantiu que foi o único a tratar de Vlado: "Fui o único que interrogou Vladimir Herzog no DOI-Codi, fui o único a conversar com ele naquele dia. Ninguém está mais forte e diretamente envolvido na morte de Herzog do que eu".

Grancieri vangloriou-se de ser um dos melhores interrogadores do DOI-Codi: "Já escrevi apostilas sobre técnicas de interrogatório que foram distribuídas entre meus colegas".

Ele só não reconheceu qualquer responsabilidade na morte de Vlado: "Ele se enforcou quando foi deixado sozinho na sala, porque ficou com medo de perder o emprego. A Cultura é estatal e Vladimir Herzog sabia que ele seria demitido porque ficaria público que ele era do PCB".

O capitão Ramiro também elogiou Vlado: "Ele era inteligente, bem-educado e não tinha muito a dizer".

E concluiu: "Faria tudo de novo".

No processo judicial instaurado a pedido de Clarice e seus filhos, para responsabilizar a União pela morte do marido, e também em várias entrevistas, Serjão relembrou o que passara nas mãos de Grancieri:

> O capitão Ramiro tinha um estilo diferente das duas outras equipes. Andava sempre munido de um sarrafo e sabia exatamente onde bater, nos cotovelos, nos joelhos, nos tornozelos — nas articulações. Ele conhecia muito bem a anatomia humana e desmontava uma pessoa com poucos golpes e sem barulho. Tinha prazer especial em amarrar as pessoas na chamada cadeira do dragão, que é uma espécie de troninho, de metal, molhado, onde os braços e as pernas são imobilizados, amarra-se um fio elétrico no pênis, outro na orelha e aí, em seguida, com uma maquininha, um dínamo, chamada de "pimentinha", iam dando choques. Não é um choque que queima, não sei te dizer se é amperagem ou voltagem. Depois de encapuzar a pessoa, o capitão Ramiro jogava amoníaco sobre a parte frontal do capuz e apertava aqui na parte abaixo do queixo, de tal maneira que a pessoa ficava com aquele capuz bem colado no rosto.
>
> Ao mesmo tempo, Ramiro dava porradas, gritos, choques elétricos e jogava amoníaco no capuz — a pessoa ia respirando esse amoníaco. À medida que o choque elétrico se dá, se você estiver expirando, você não consegue inspirar, e se você estiver inspirando, não consegue expirar. Então, como os choques são dados aos trancos, você vai ficando com a respiração completamente descontrolada e esse amoníaco entra pelas suas narinas, invade o cérebro como se fosse uma batalha

de espadas, uma coisa maluca, cortando seu cérebro de todo jeito — e você ali imobilizado, levando choques, porrada, gritos. Tudo isso arma uma situação que é como se fosse surreal, você já não tem mais noção de se é com você mesmo que está acontecendo, começa a ficar confuso, não há saída para aquilo, você está amarrado.

Nos últimos dias passados no DOI-Codi, tive mais tempo e cabeça para conversar com meus colegas de cela. Achava que minha vida estava arruinada. Nenhum jornal ou TV me contrataria nem a Dilea. Como sustentaríamos nossa filha Ana? Como enfrentar o processo judicial, a possibilidade de ser condenado, o fim da militância? Quem me consolou foi o velho Antonio Bernardino dos Santos, do comitê estadual do PCB, um dos primeiros a ser preso. Com mais de setenta anos, dirigente profissional do partido, ele, sim, me disse, tinha motivos para desanimar. E, mesmo assim, encarava com otimismo o futuro.

Deixei o DOI-Codi rumo ao Dops, uma espécie de purgatório para quem acabara de ser moído, no dia 30 de outubro. Além de não sermos torturados, ali funcionava o instrumento capaz de melhorar as condições dos presos — o suborno. Frutas, comidas enviadas pelas famílias e até jornais acabavam chegando às celas dos presos políticos. Na nossa, em beliches triplos, estavam quinze pessoas, entre as quais vários jornalistas — Serjão, Duque Estrada, Konder, Anthony, Frederico Pessoa.

Logo percebemos a comoção que a morte de Vlado estava provocando, embora a notícia não estivesse nas manchetes, e parte da imprensa se limitasse a transmitir a versão oficial da história. A matéria que a *Veja* pretendia publicar foi censurada, o *Opinião* não pôde sequer reproduzir a nota do II

Exército, enquanto a *Folha da Tarde* e outros jornais do gênero apresentavam como informação o material produzido pelo SNI ou pelo II Exército. Mas a sociedade estava acordando.

Na USP, os estudantes tinham decretado greve geral. Na reunião da CNBB, em Itaici, dom Paulo recebera um apelo de centenas de jornalistas pedindo a catedral para um ato em memória do sétimo dia. O cardeal ponderou que a Igreja não costuma impor seu rito a quem não professa sua fé e sugeriu um culto inter-religioso. O rabino Henry Sobel e o pastor presbiteriano Jaime Wright concordaram com a iniciativa. Em assembleias sucessivas, sob o comando firme e cauteloso de Audálio Dantas, os jornalistas descartaram as propostas mais radicais, mas insistiram em cobrar providências.

Dois dias antes do culto, a mídia divulgou uma nota, elaborada pelo Serviço Nacional de Informação, que sustentava a tese de suicídio. Por ordem do SNI, foi divulgada sem que se indicasse o seu caráter oficial, e sem que se pudesse dizer quem a elaborara. O jornal *O Globo* publicou o texto na página 5, sob o título "Órgãos de segurança fazem considerações sobre o suicídio". Ao lado, sob uma notícia que informava a decisão do II Exército de ampliar o horário de visita aos presos do DOI--Codi, o jornal publicou a nota do Sindicato dos Jornalistas sobre o culto ecumênico em memória de Herzog. A nota relatava que Marco Antônio Rocha fora ouvido pelos órgãos de segurança depois de ter sido acompanhado pelo próprio Ruy e pelo presidente do Sindicato dos Jornalistas, Audálio Dantas, e liberado, e dava informações sobre outros colegas presos.

O texto distribuído pelo SNI e publicado sem deixar clara sua origem era precedido por uma única frase do jornal: "Colhemos junto aos órgãos de segurança as seguintes considerações".

Vale transcrever o texto, que invertia os fatos radicalmente:

É por todos os motivos profundamente lamentável o suicídio do jornalista Vladimir Herzog. Sua morte ocorre no contexto da crescente atividade desenvolvida pelo comunismo no Brasil, com sua ação de infiltração e de proselitismo.

As chamadas "prisões em massa" constituem parte da técnica desenvolvida pelas organizações comunistas para neutralizar ou impedir a ação dos órgãos de segurança. Não há "prisões em massa", e sim prisões legais, para identificar e aprofundar os dados disponíveis sobre a ação comunista.

Situam-se dentro do quadro de combate à subversão, que motivou a nota circular do Ministério da Justiça. Não se pode ignorar que o jornalista morto, por palavras e por escrito, comprovou sua condição de comunista militante, não apenas um homem de ideologia comunista, mas sim ativista.

Procura-se dar a impressão ao povo e ao mundo que o mesmo foi assassinado pelos órgãos de segurança ou que suicidou-se por temor às torturas que sofreria por parte dos interrogadores. No entanto, por que não considerar que uma vez tendo-lhe sido impossível negar sua ação contra o regime democrático não se suicidou consciente de que a agitação nacional e internacional que se seguiria talvez fosse o último e grande trabalho que prestaria ao partido? Por que não admitir que teria receio do "justiçamento" futuro por seus próprios camaradas de partido? Ou então, por que não considerar que teria fatos muito mais comprometedores a revelar e que preferiu, com grandeza militante, ocultar pelo silêncio que a morte acarreta?

Naquela mesma quarta-feira o líder do governo no Senado, Petrônio Portella, defendeu a ação repressiva: "O governo prende e prenderá quantos estiverem envolvidos nas malhas da subversão [...]. O Estado está vigilante e ativo em sua defesa, usando os mecanismos da lei para que tenhamos paz [...]. A repressão é absolutamente necessária".

Num aparte, o senador Leite Chaves, do MDB, acusou a repressão pela morte do jornalista:

> O Exército é uma instituição respeitada pelo povo e que deveria ser intocável [...]. Hitler, quando desejava praticar atos ignominiosos, como os que estamos presenciando, não se utilizava do Exército, mas sim das forças SS, a polícia secreta alemã que praticou inúmeros crimes durante a Segunda Guerra Mundial.

As notas e a declaração de Portella faziam parte de uma nova campanha destinada a apresentar-nos como delatores de Vlado e a desestimular qualquer outra versão para sua morte que não a do suicídio.

Geisel e o ministro do Exército, Silvio Frota, continuavam sua guerrinha particular. O ministro do Exército exigia a cassação ou ao menos um processo contra o senador Leite Chaves. Geisel negou-se a punir o senador e resumiu o que seria preciso fazer para que isso ocorresse: "Vocês escolham lá um presidente e venham me substituir!".

Frota ameaçou renunciar ao cargo, mas Geisel não cedeu. Mas tampouco solucionou a crise, cujo epicentro estava em São Paulo. O presidente desembarcou na cidade na tarde da mesma quinta-feira em que fui levado para o Dops. Os compromissos mais importantes não constavam da agenda oficial. No aeroporto, o governador e o general Ednardo o esperavam. O comandante do II Exército ofereceu suas acomodações ao presidente, que preferiu o palácio do governo. E foi ali, no território civil, que Geisel determinou a Ednardo que instaurasse um Inquérito Policial Militar para apurar a morte de Vlado.

Frota resolvera que não haveria nenhuma investigação. Ednardo ainda tentou argumentar: "Mas, presidente, o meu pessoal de informações vai ficar descoberto, porque vai ter de parar o trabalho para depor".

Geisel não abriu a guarda: "Você coloca outros nessas funções. Mas tem que haver um inquérito. Não pode haver crime, ou morte, dentro de uma organização militar, sem ser apurado".

À noite, o governador Paulo Egydio recebeu 1500 pessoas numa recepção para o presidente. O comandante do II Exército estava lá, mas também toda a bancada estadual do MDB. Airton Soares e Goldman, que no enterro tinham ouvido um relato de Konder sobre o que se passara no DOI-Codi, falaram com o presidente. Geisel reconheceu o gesto dos dois deputados da oposição: "Não pensem que eu não entendo o significado de suas presenças aqui neste momento".

A contragosto, o general Ednardo determinou a apuração das "circunstâncias do suicídio do jornalista Vladimir Herzog, nas dependências do Destacamento de Operações de Informações do Centro de Operações de Defesa Interna do II Exército". No livro *Ernesto Geisel*, em depoimento dado a Maria Celina D'Araújo e Celso Castro, o ex-presidente declararia mais tarde:

> — Não sei se o inquérito estava certo ou não, mas o fato é que apurou que o Herzog tinha se enforcado. A partir daí o problema do Herzog, para mim, acabou. [...]
>
> — O senhor aceitou o resultado do inquérito. Mas ficou convencido dele?
>
> — É possível que aquilo tivesse sido feito para encobrir a verdade. Mas o inquérito tem seus trâmites normais, suas normas de ação, e eu não ia interferir no resultado. Não ia

dizer: "Não, não concordo com esse resultado". O inquérito não vinha a mim, era resolvido na área administrativa. Eu não o examinei, não me preocupei se estava certo ou não. É preciso ver o seguinte: o presidente da República não pode passar dias, ou semanas, com um probleminha desses. É um probleminha em relação ao conjunto de problemas que ele tem.

Na manhã daquela sexta-feira, o presidente cumprimentou estudantes e estagiários na Faculdade de Medicina e visitou as obras de arte na Bienal, enquanto dois secretários de Paulo Egydio iam falar com dom Paulo, em nome de Geisel e do governador. Queriam convencer o cardeal a não comparecer ao culto inter-religioso, que, desse modo, seria esvaziado. Dom Paulo manteve-se firme. Tão logo despachou os visitantes entrou no carro e foi para a catedral da Sé, já sabendo que a polícia faria o possível e o impossível para dificultar o acesso ao ato.

Geisel jamais perdoou dom Paulo. Mais tarde, disse a vários jornalistas que o cardeal nunca mais falaria em público. O presidente esticou sua visita a São Paulo até que o culto para Vlado terminasse, mas não disse qualquer palavra sobre o tal "probleminha". Seu secretário de Imprensa, Humberto Barreto, resumiu o que se passava numa conversa com José Roberto Guzzo, da *Veja*: "Naquela sexta-feira, quem mandava em São Paulo era o coronel Paes".

Da cela do Dops, podíamos notar uma grande movimentação no pátio. Toda a polícia estava envolvida na Operação Gutemberg, destinada a dificultar o acesso das pessoas ao centro da cidade e, consequentemente, à catedral. Foram montadas 385 barreiras de trânsito nas principais vias de acesso. Ainda assim, 8 mil pessoas conseguiram chegar, assistiram pacificamente ao culto, ouviram as palavras do rabino, do pastor e do cardeal e foram embora em silêncio. Dom Hélder

Câmara, arcebispo emérito de Olinda e Recife, e um dos mais proeminentes líderes da ala progressista da Igreja católica, não abriu a boca. A um repórter, explicou: "Para que falar em voz alta, se todos nós estamos conversando em silêncio?".

Ao final do culto, aproximou-se de dom Paulo e disse: "Com isso [a morte de Herzog], se abala toda a organização militar, esta morte é decisiva".

Por sugestão de dom Hélder, a saída, organizada em grupos de cinco, aconteceu sem problemas. Dom Paulo ficou na calçada até a maioria deixar a praça. Clarice, Ivo e André estavam entre os últimos a deixarem a catedral. Foram embora no carro de dom Paulo. O comportamento das 8 mil pessoas levou um informante do Dops a identificar uma manobra solerte naquela atitude pacífica e ordeira: "Isto é exatamente o modus operandi da não violência".

Na cela, nós gastávamos o tempo com discussões bizantinas. Alguns dispostos a organizar o lanche da tarde, com horário e cardápio, outros nem um pouco preocupados com esse detalhe. Duque Estrada quis iniciar um programa de ginástica. Serjão discordou, achando que devíamos encarar aquilo como uma espécie de período de recuperação. Alguém propôs um ciclo de leituras. Fui contra tudo, certo de que não iríamos ficar muito tempo ali. No banho de sol, que acontecia num espaço parecido com uma jaula, com grades sobre as nossas cabeças, um preso comum aproximou-se de mim. O diálogo foi algo deste gênero:

— E aí, amigo, tudo bem?
— Tudo bem.
— Vocês são da esquerda, né?
— É, do Partido Comunista. E você?
— Sou assaltante de banco... Acho que a gente podia fazer um negócio bom.

— Como assim?

— Uma sociedade. Vocês escrevem os panfletos, falam o que quiser e a gente assalta os bancos. Depois, é *fifty, fifty. One, one*...

— Mas você está falando isso aqui na cadeia, nem sabe quanto tempo vai ficar. E nós estamos na mesma situação...

— É, mas cadeia não dura pra sempre. Com essa sociedade, a gente pode virar preso político, a pena é menor. E vocês ainda arrumam uma grana pra sua revolução.

Claro que a negociação não prosperou. Mas o assaltante estava certo quanto à duração da prisão — ao menos no meu caso. Anos mais tarde, diante das notícias sobre o Comando Vermelho,[3] percebi que a ideia dele tinha vingado, de algum modo.

Fui libertado às quatro da tarde de 3 de novembro de 1975, depois de assinar um termo que me obrigava a apresentar-me no Dops de quinze em quinze dias. Outros companheiros, como Serjão e Frederico Pessoa, foram transferidos para um presídio, cumprindo prisão preventiva.

Difícil descrever o que senti ao deixar o velho prédio de tijolos vermelhos, no centro da cidade. Um tipo de estranhamento, que durou meses, como se não estivesse efetivamente vivendo o que se passava, mas assistindo a alguma espécie de filme.

12 Nazistas vermelhos

O IPM EXIGIDO POR GEISEL FOI UMA FARSA. Seu comando havia sido entregue ao general de brigada Fernando Guimarães Cerqueira Lima. Com seus óculos de aro fino e seus olhos claros, parecia um sujeito sério. Nos interrogatórios, deixou o promotor militar totalmente à vontade — e Durval Moura de Araújo, afastado do cargo por João Goulart e reconduzido depois do golpe de 1964, era considerado o expoente máximo da linha dura na Justiça Militar, sem qualquer interesse em apurar fosse o que fosse.

Foram ouvidos Altair Casadei, o carcereiro, o interrogador Pedro Mira Grancieri, o legista Harry Shibata, o comandante do DOI-Codi, tenente-coronel Audir Santos Maciel, e o coronel José Barros Paes, chefe da 2ª seção do II Exército. Clarice, dona Zora, o cantor israelita do funeral, Konder, Duque, Weis, Marquito, Randolpho Marques Lobato, que trabalhara com Vlado no *Estadão*, e eu também fomos interrogados.

O cantor israelita negou que o enterro tivesse sido apressado; o encarregado do sepultamento afirmou que o corpo fora colocado na quadra reservada aos suicidas; o carcereiro garantiu que Vlado fora bem tratado; Grancieri assegurou que o prisioneiro não sofrera maus-tratos "de quem quer que seja, ou qualquer tipo de induzimento, instigação ou auxílio material no sentido de pôr termo à vida, suicidando-se". Lobato declarou que ele tinha "indisfarçável posição de esquerda" e, por essa razão, fora demitido do jornal depois de março de 1964.

(A mentira de Lobato foi imediatamente desqualificada pela direção do jornal quando o relatório do inquérito foi divulgado, numa sexta-feira, 19 de dezembro. Outras mentiras e omissões duraram bem mais.)

O promotor só tinha um objetivo: confirmar a versão do suicídio. Durval quis saber se Clarice reconhecia a letra do marido no bilhete. A viúva respondeu o seguinte:

— Acho que a assinatura e a letra são realmente do Vlado, mas o estilo de redação não é dele. Ele jamais usaria as expressões que estão aí, que são da linguagem policial, não de jornalista.

O promotor ditou o seguinte para o escrivão:

— Que a depoente declara reconhecer como de seu marido, Vladimir Herzog, a letra e a assinatura constantes da declaração cujos fragmentos foram encontrados ao lado do cadáver.

Clarice exigiu que constasse sua afirmação sobre o estilo do bilhete. O promotor relutou, mas afinal acrescentou uma frase ao que já ditara: "mas afirma que o conteúdo não é de sua autoria".

Para dona Zora, a pergunta foi se ela sabia que o filho era comunista. A mãe de Vlado respondeu que não, que o filho era socialista, e seguiu-se este diálogo:

— Mas o seu filho mesmo confessou que era comunista. Ele assinou uma confissão.

— Do jeito que maltrataram o Vlado aqui, o senhor entregaria até sua mãe.

Em seguida, o promotor quis compará-lo com outro judeu — Stefan Zweig, que se suicidara junto da mulher, em Petrópolis, durante o Estado Novo. A mãe de Vlado não admitiu:

— Mas o senhor não pode comparar! Eram dois velhos, cansados da vida, que achavam que não tinham mais o que fazer no mundo. Vlado não! Meu filho era cheio de vida, ele queria viver, era feliz com a família, tinha um projeto de trabalho, queria realizar muitas coisas ainda.

— Mas a senhora tem prova de que seu filho não se matou?

Dona Zora tinha, mas não revelou a conversa em que Konder lhe relatara o que havia se passado, mostrando inclusive as queimaduras dos choques elétricos nas mãos. E a mãe de Vlado desabafou, explicando que, ao receber a notícia da morte do filho, tivera vontade de morrer. Ao que o promotor ditou ao escrivão:

— Que a depoente declara que naquele momento sentiu vontade de suicidar-se também.

Nesse ponto, nem o general suportou: contestou a versão que o promotor pretendia eternizar. Dona Zora tanto insistiu, que o promotor foi obrigado a corrigir a conclusão do depoimento dela. Na primeira vez, mandara registrar que ela não tinha conhecimento de "qualquer fato concreto que possa concluir que seu filho não tenha morrido senão por suicídio". A mãe de Vlado não aceitou essa versão e exigiu nova redação, em que afirmava não ter conhecimento de qualquer fato concreto que permitisse concluir que Vlado se suicidara.

O general Cerqueira Lima pediu informações sobre Vlado na BBC, para o adido militar da embaixada brasileira em Londres. A resposta veio por telex, no dia 6 de novembro de 1975:

Urgentíssimo.

Informo ter recebido a seguinte mensagem do adido em Londres: "Características apuradas junto a antigo companheiro de trabalho: pessoa introvertida, nervosa, medroso, positivamente elemento de esquerda marxista e com problemas psíquicos, possivelmente causados por trauma de infância por ser judeu e por perseguição nazista".

Coronel Linhares, chefe da 2ª Seção do Estado-Maior do Exército.

Claro que esse "antigo companheiro de trabalho" nunca foi identificado.

Ao ser interrogado, eu disse que fora torturado, que Dilea também recebera choques elétricos, que nenhum dos presos recebia cinto e, principalmente, que estava certo de que Vlado morrera sob tortura, talvez num "acidente de trabalho". O promotor contestou, dizendo que não eram fatos concretos. O escrivão datilografou o que lhe foi ditado.

Algumas semanas depois, pude ler no relatório do general:

A testemunha jornalista Paulo Sergio Markun, às fls. 97, detido no Destacamento de Operações de Informações na ocasião dos fatos, informa:

a) que participou de duas reuniões do PCB realizadas na casa de Vladmir Herzog, à rua Oscar Freire, no mês de agosto do corrente ano, e que, nessas ocasiões, estavam presentes Luiz Weis, Marco Antônio Rocha e Rodolfo Konder;

b) que soube que Vladimir havia confessado seu envolvimento e deixado, mesmo, um bilhete de seu próprio punho relatando a sua participação e a de seus companheiros, ao se suicidar no Destacamento de Operações de Informações;

c) que não tem conhecimento de que Vladimir tenha recebido maus-tratos ou tratamento desumano quando ali esteve;

d) que não tem conhecimento de qualquer induzimento, instigação ou auxílio material por parte das autoridades do Destacamento de Operações de Informações, ou de quem quer que seja, para que Vladimir pusesse termo à vida, suicidando-se;

e) confirmou a participação de Rodolfo Konder, Marco Antônio Rocha, Luiz Weis, Anthony de Christo, Jairo Regis, George Duque Estrada e do próprio Vladimir Herzog na militância do PCB;

f) que sabe que os jornalistas Konder e Duque Estrada, em confronto com Vladimir, aconselharam o mesmo a confessar os fatos incriminados;

g) que sabia que Vladimir fazia tratamento psiquiátrico;

h) que não tem fatos para que possa admitir que a morte de Vladimir não tenha ocorrido senão por voluntário suicídio;

i) que não tem elementos concretos e positivos para poder afirmar quais as razões que levaram Vladimir a pôr termo à vida, suicidando-se.

O relatório nos apontava como delatores e nos apresentava como tendo sido coniventes com sua morte. Não registrava uma só palavra que contestasse a versão do suicídio. O general Ednardo comemorou o desfecho da investigação que tentara evitar: "O resultado do inquérito é a melhor resposta para aqueles que intrigam, mentem, que se baseiam em boatos e que procuram jogar o povo contra o Exército. Enfim, uma resposta aos irresponsáveis e aos nazistas vermelhos".

Entre o Natal e o Ano-Novo, o general Geisel cassou os deputados Marcelo Gatto e Nelson Fabiano pelo crime de terem sido eleitos com o voto dos "nazistas vermelhos". Ambos tinham sido citados, em vários depoimentos obtidos no

DOI-Codi, como ligados ao Partidão. Marcelo Gatto enfrentara o coronel Erasmo Dias por causa da morte de Vlado. Geisel impediu que eles fossem presos, mas cassou-lhes os mandatos, usando o AI-5.

"Desbaratada a gangue do nazismo vermelho" foi a manchete da *Folha da Tarde* ao publicar, em oito páginas, a íntegra da acusação contra os 105 presos no arrastão que se iniciara no dia 1º de outubro. Cada um dos acusados mereceu ao menos um parágrafo, com nome, endereço, filiação, codinome, atividades subversivas e algumas inverdades. Na Justiça Militar, 76 foram julgados, 65 absolvidos. Dois ficaram fora do processo, apenas nove foram condenados. No meu caso e de Dilea, o advogado, Iberê Bandeira de Melo, só disse que "as acusações são tão inconsistentes que nem vou me referir a elas".

O argumento principal da defesa era que nossas confissões não tinham valor, por terem sido obtidas sob tortura. Mas para escapar da condenação era preciso negar minha ligação com o Partido Comunista. Poderia até me declarar comunista, mas não membro do partido, que era clandestino desde abril de 1947, quando o Tribunal Superior Eleitoral (TSE) cancelou seu registro, argumentando que era um instrumento da intervenção soviética no país. Declarei que não podia ser ligado a um partido que era a favor do regime soviético, pois lá não havia liberdade de imprensa. O juiz assimilou a farsa, mais uma entre tantas naqueles tempos em que dizer a verdade podia custar muito caro.

Em relação à morte de Vlado, a verdade começou a vir à tona no dia 2 de novembro. Foi quando um grupo de jornalistas começou a produzir a edição 16 do jornal *Ex*. Dirigido por Hamilton Almeida Filho, a publicação reunia o mesmo grupo que fizera o *Bondinho*.[1] Em quarenta horas, um time que incluía os editores da publicação e muitos voluntários escreveu setenta laudas, registrando em detalhes a reação dos jornalistas e da sociedade à morte de Vlado.

Uma comissão de jornalistas chegou a procurar os editores pedindo que eles não publicassem o jornal, por temerem a reação do governo. Eu mesmo fiquei incomodado com o fato de eles terem publicado as declarações de Clarice, dizendo que meu pai dera o recado, quando saímos para batizar Ana. Em represália, o jornal teve apreendida uma edição das melhores reportagens da publicação e determinou-se que seria submetido à censura prévia a partir de então — o que levou os editores a encerrar a publicação. Ainda tentaram lançar outra publicação, provocativamente denominada de *Mais um*, mas não adiantou. O material do *Ex* 16 foi transformado em livro posteriormente.

O lance seguinte foi a publicação, no *Estado de S. Paulo*, do depoimento extrajudicial feito por Rodolfo Konder, antes de embarcar para um autoexílio no Canadá. Ao narrar em detalhes o que sofrera no DOI-Codi e o encontro dele e de Duque Estrada com Vlado, Rodolfo Konder provou que certas atitudes individuais podem significar um passo adiante.

Naquele mesmo dia, 24 de janeiro de 1976, os jornais publicaram a nota oficial com que o II Exército comunicava outro suicídio no DOI-Codi. Um metalúrgico, Manoel Fiel Filho, alagoano de Quebrângulo, 47 anos, empregado há dezoito anos da Metal-Arte S.A., militante do partido, havia sido preso no dia 16 de janeiro de 1976.

Torturado até a morte, Manoel Fiel Filho também foi fotografado em posição semelhante à de Vlado. Não houve culto inter-religioso, nem grandes protestos, mas Paulo Egydio avisou a Geisel o que ocorrera:

— Presidente, desculpe incomodá-lo. Morreu outro preso no DOI, outro enforcamento. Eu procurei o Figueiredo e o Golbery, mas não os achei.

— Paulo, não tome providência nenhuma. Você terá notícias minhas.

Geisel não dormiu aquela noite. Comunicou a Silvio Frota que Ednardo seria demitido e substituído pelo general Dilermando Gomes Monteiro, e exigiu a troca do chefe do Centro de Informações do Exército, general Confúcio Danton de Paula Avelino. Frota exonerou Ednardo, mas não mexeu imediatamente no CIE.

O *Estadão* saudou a demissão de Ednardo em editorial, classificando-a de "gesto destemido". O ministro do Exército ainda convocou uma reunião do Alto-Comando do Exército, para tentar reverter a decisão, mas a manobra foi anulada pelo comandante do I Exército, Reynaldo Mello de Almeida, ao lembrar que o Alto-Comando não tinha competência para discutir uma decisão do presidente da República.

Um novo IPM foi providenciado e Geisel reiterou a ordem para mudar o comando do CIE. Frota acatou e manteve-se no cargo. Em agosto de 1977, o ministro do Exército entregou a medalha do Pacificador ao legista Harry Shibata. A honraria foi fartamente distribuída a militares, funcionários e cidadãos que cooperaram com a repressão, torturaram e mataram opositores do regime.

Geisel chamou Frota a seu gabinete na tarde de 12 de outubro de 1977. O diálogo curto foi precedido por movimentos estratégicos do presidente e seu grupo para evitar qualquer tentativa de reação do ministro:

— Frota, nós não estamos mais nos entendendo. A sua administração no ministério não está seguindo o que combinamos. Além disso, você é candidato a presidente e está em campanha. Eu não acho isso certo. Por isso preciso que você peça demissão.

— Eu não peço demissão.

— Bem, então vou demiti-lo. O cargo de ministro é meu, e não deposito mais em você a confiança necessária para mantê-lo. Se você não vai pedir demissão, vou exonerá-lo.

Frota ainda tentou reunir o Alto-Comando. Colocou o ex-chefe do DOI-Codi, tenente-coronel Carlos Alberto Brilhante Ustra, no aeroporto de Brasília para garantir a chegada dos generais. Mas Geisel interceptou a manobra e acabou com seu problema.

O derradeiro lance de Frota foi tornar pública uma lista com o nome de 97 pessoas que seriam comunistas e estariam ligadas ao governo. A relação, veiculada pelo *Jornal do Brasil* após a demissão do ministro, em novembro de 1977, incluía o nome do secretário de Planejamento de Paulo Egydio, Jorge Wilheim, do chefe do Gabinete Civil, Luis Arrobas Martins, e de Luiz Weis.

Enquanto isso, um manifesto assinado por mais de mil jornalistas foi publicado como matéria paga nos principais jornais do país. O documento contestava o resultado do IPM. De uma cela do presídio do Hipódromo, Marco Antônio Tavares Coelho denunciou Harry Shibata e seu colega Paulo Augusto de Queiroz Rocha junto ao Conselho Regional de Medicina por improbidade e violação da ética médica.

Marco Antônio resolveu dar publicidade imediata ao episódio, temendo que Shibata conseguisse se livrar de uma punição. Estava certo, como se verá adiante. A representação foi entregue pelo filho dele, Marco Antônio Coelho Filho, ao Conselho Regional de Medicina. O auditor militar impediu que ele deixasse o presídio para depor no CRM, mas, ao ser libertado, um ano mais tarde, Marco Antônio conseguiu ser acareado com Shibata.

Em 7 de junho de 1979, pouco antes da anistia (lei 6.683), o Congresso Nacional aprovou a lei 6681. Iniciativa do ministro da Marinha, o projeto fora encaminhado ao presidente pelo Estado-Maior das Forças Armadas. Parecia justo: estendia a dentistas e farmacêuticos a serviço das Forças Armadas o direito oferecido aos médicos desde 1968 de inscreverem-se nos conselhos regionais correspondentes, sem pagar o imposto sindical e outras taxas, e de exercerem seu ofício no campo privado, paralelamente.

A justificativa lembrava:

> As Forças Armadas desempenham em nosso país, além das funções clássicas de asseguradoras da segurança nacional, uma ação civilizatória de extrema relevância graças ao deslocamento de estruturas de serviços para regiões interioranas, com os respectivos profissionais por elas responsáveis, assegurando assistência sanitária, pedagógica e técnica a enormes segmentos da população nacional, carentes de qualquer outra ajuda por parte do Estado. Os médicos, cirurgiões-dentistas e farmacêuticos militares constituem exatamente a parte essencial dessas equipes que, em atendimento a interesses de serviço, são localizadas em lugares muitas vezes desprovidos de recursos — melhorando as condições de vida das populações locais na linha certa de uma justiça social, que se insere entre os objetivos nacionais prioritários.

Tudo lindo. O projeto passou por uma comissão mista composta por treze arenistas e dez emedebistas. Três deles registraram voto contrário ao parecer favorável e identificaram a pegadinha: o artigo 5º do projeto. O texto dizia que médicos, farmacêuticos e dentistas a serviço das Forças Armadas deixavam de ser alcançados pelos conselhos regionais no que tocava a infrações éticas, devendo ser julgados pelas suas respectivas forças.

Na declaração de voto, os parlamentares alertavam:

> Restaria saber, por outro lado, se o código de ética a ser aplicado pelas Forças Singulares, no seu mister de "promover e controlar a estrita observância das normas de ética profissional" seria o mesmo aprovado por cada um dos conselhos, ou teriam as Forças Singulares o seu próprio código, adaptado aos interesses militares. Na hipótese de que a ética seja a mesma em ambas as situações civil e militar, não vemos por que tirar aos conselhos uma função que lhes é inerente. Se é diferente a ética, não vemos vantagem na sujeição dos cirurgiões-dentistas e farmacêuticos militares ao regime proposto. [...] Trata-se de um precedente perigoso, uma exceção injustificável, e com a qual não concordamos, defensores que somos da autonomia dos conselhos para dizer sobre ética, ainda que as infrações sejam cometidas no serviço profissional militar.

Shibata não era médico militar, mas, no caso dele, o Conselho Regional de Medicina postergou as audiências quanto pôde. Quando a composição da entidade mudou, em 1980, o legista teve seu registro cassado por unanimidade. Mas a decisão foi revogada pelo Conselho Federal de Medicina em 1982.

Em 1984, o Tribunal Superior de Ética Médica censurou publicamente o legista. No ano seguinte, o CFM aprovou uma resolução que submetia os médicos militares ao poder disciplinar dos conselhos regionais. Mas, até hoje, Harry Shibata continua com seu registro profissional — após longa batalha jurídica, o Tribunal Federal de Recursos concluiu que o prazo legal de cinco anos para que ele fosse punido estava prescrito. Shibata continua enfrentando outro processo, relacionado à chamada vala de Perus.

O caso é escabroso: no dia 4 de setembro de 1990, foi aberta a vala de Perus, localizada no cemitério Dom Bosco, na periferia de São Paulo. Ali estavam 1049 ossadas de indigentes, presos políticos e vítimas dos esquadrões da morte, enterradas no local durante a gestão de Paulo Maluf como prefeito da cidade. Entre eles, os restos de pelo menos seis presos políticos: Dênis Antônio Casemiro, Dimas Casemiro, Flávio Carvalho Molina, Francisco José de Oliveira, Frederico Eduardo Mayr e Grenaldo de Jesus da Silva. No início de 2015, arqueólogos que pesquisam o local recomendaram uma nova escavação na área. Suspeitam que pode haver uma segunda vala clandestina, onde estariam as ossadas de até 39 opositores da ditadura, que figuram na lista de desaparecidos.

Em 2012, manifestantes realizaram um protesto diante da casa de Shibata, no bairro de Vila Madalena, em São Paulo. Fixaram cartazes em postes, lixeiras, pontos de ônibus e muros de Vila Madalena, Pinheiros e Alto de Pinheiros, denunciando a atuação de Shibata durante o regime.

Outra batalha jurídica importante começou em abril de 1976, quando Clarice e seus filhos entraram com uma ação declaratória contra a União pela prisão arbitrária, torturas e morte de Vlado. Os advogados da família eram Sergio Bermudes, Heleno Fragoso, Samuel MacDowell de Figueiredo e Marco Antônio Rodrigues Barbosa.

Participei de várias discussões no escritório de Samuel e Marco Antônio e sugeri nomes de algumas testemunhas. O objetivo não era obter qualquer compensação financeira, mas responsabilizar oficialmente o governo pelo crime cometido.

Dois anos depois, em maio de 1978, durante mais de seis horas, o juiz João Gomes Martins Filho, da 7ª Vara da Justiça Federal de São Paulo, ouviu várias testemunhas. Entre os que tinham sido presos na época, Duque Estrada, Anthony e eu. Também compareceram o jurista Gofredo da Silva Telles, testemunha do depoimento extrajudicial de Konder, que estava morando no Canadá, e Harry Shibata.

Contei sucintamente o que havia passado. Duque Estrada chorou ao lembrar-se do DOI-Codi. Serjão fez um relato minucioso das torturas. Provocou aplausos de um funcionário que se emocionou quando o juiz determinou que ele seguisse com o depoimento, que um procurador tentou interromper, alegando não ter nada a ver com o caso.

Harry Shibata admitiu ter assinado o laudo sem examinar nem ver o corpo de Vlado, e reconheceu ter estado várias vezes no DOI-Codi para dar assistência a presos. Mas negou qualquer conhecimento das torturas.

Ao final da audiência, chorando, dona Zora abraçou o juiz. Na audiência seguinte, o Exército evitou que Pedro Grancieri comparecesse, alegando que o militar estava em Mato Grosso, a serviço. Quanto ao tal capitão Ubirajara,* a notícia era de que ele nunca existira, segundo os militares.

O juiz deveria pronunciar sua sentença no dia 26 de junho de 1978. Quatro dias antes, a União conseguiu uma medida liminar prorrogando o processo. Em julho, João Gomes Martins Filho completou setenta anos e alcançou a aposentadoria compulsória, sem poder anunciar sua decisão.

Outro juiz foi designado para o caso: Márcio José de Morais, de 32 anos, examinou os autos e, no terceiro aniversário da morte de Vlado e treze dias após a demissão de Silvio Frota, deu ganho de causa à família, responsabilizando a União pela tortura e morte de Vladimir Herzog.

---

* Capitão Ubirajara era o codinome empregado pelo ex-delegado da Polícia Civil Aparecido Laertes Calandra, acusado de atividades de tortura e morte no DOI-Codi. Em abril de 2014, sua residência no bairro do Ipiranga foi alvo de um escracho organizado por militantes de organizações em favor dos direitos humanos.

Em pleno governo Figueiredo, a sentença foi um marco no processo que levou à concessão da anistia política e ao recuo definitivo dos militares. João Gomes Martins Filho escreveu a seu sucessor dizendo que ele chegara, por palavras diferentes, à mesma conclusão: "As janelas foram escancaradas e permitiu-se que o sol entrasse. A consciência de toda a nação foi agitada. Libertou-se o Poder Judiciário daquela situação de dependência e receio que existia".

Os advogados do processo de Vlado Marco Antônio Rodrigues Barbosa e Samuel MacDowell de Figueiredo também defenderam dona Tereza, viúva de Manoel Fiel Filho, e em junho de 1997 conseguiram para ela uma indenização de quase 300 mil reais.

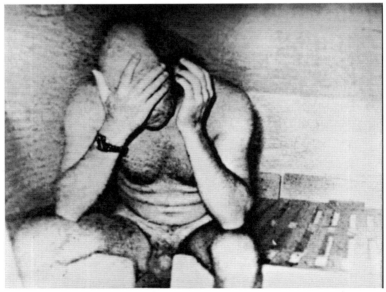

A foto do padre canadense Leopold d'Astous, publicada em 2004, levantou polêmica sobre a identidade do retratado: seria Vlado? (Reprodução do *Correio Braziliense*/Arquivo da Câmara dos Deputados)

13 Segredos eternos

AO SAIR DA PRISÃO, DESCOBRI QUE ESTAVA DESEMPREGADO. Fora demitido pela TV Cultura retroativamente, no período em que Vlado ainda estava no comando do jornalismo. Na emissora, só Fernando Faro me recebeu. Constrangido, lamentou o que ocorrera. Dilea também fora despedida sumariamente — não permitiram a ela sequer entrar no prédio da Telesp para retirar seus pertences pessoais, entregues dentro de um saco, na portaria da empresa.

Os primeiros meses não foram fáceis. Um agente dos órgãos de segurança ficava a noite toda em frente à nossa casa. Se eu saía de automóvel, ele abria e fechava o portão, como uma espécie de guarda-noturno particular. Passei noites em claro, olhando pela fresta da veneziana, e o meganha lá, a madrugada inteira.

Alguns jornalistas que se diziam meus amigos passaram a me evitar. Em compensação, outros com quem tinha pouca intimidade fizeram questão de prestar solidariedade. O primeiro trabalho como freelance foi oferecido por Dirceu Maciel

Coutinho, assessor de imprensa do ex-prefeito Miguel Colasuonno, que me conhecia desde o tempo em que fora repórter de cidade. Pedro Paulo Poppovic, que trabalhava na editora Abril, conseguiu que eu traduzisse um dicionário de psicanálise. Escrevi matérias para a revista *Nova*, sob pseudônimo.

Mas emprego mesmo ninguém tinha coragem de me oferecer. Depois de alguns meses nessa situação, procurei alguns jornalistas que tinham cargos de direção. No café de um hotel no centro da cidade, conversei com Boris Casoy,[1] editor-chefe da *Folha de S.Paulo*, Ruy Lopes,[2] chefe da sucursal de Brasília, e João Baptista Lemos, agora na sucursal do *Jornal do Brasil*. Eles foram muito claros: como nenhuma empresa me contrataria, seria melhor que eu deixasse o país.

Naquele mesmo dia, fui em busca do caminho que outros perseguidos políticos tinham tentado anteriormente. Luiz Fernando Mercadante, que estava no *Jornal da Tarde*, conseguiu uma audiência com Ruy Mesquita. Foi uma conversa muito curta: expliquei que fora preso por pertencer ao Partidão, mas precisava ganhar a vida e sabia que a família Mesquita não costumava perseguir ninguém por causa de sua ideologia. Uma semana depois, estava contratado. E aproveito para agradecer mais uma vez a compreensão.

Um ano depois, voltei para a *Folha*. Dilea foi contratada pela TV Globo; a vida começou a voltar ao normal. Já na onda da abertura política, integrei a equipe que Mino Carta reuniu no *Jornal da República*, que ele tentou, sem sucesso, emplacar nos estertores do governo Figueiredo. Ali, afinal, tornei-me repórter político, integrando o timão composto por Cláudio Abramo, Ricardo Kotscho, Ricardo Carvalho, Clóvis Rossi, Nirlando Beirão, Marcos Fonseca, Tão Gomes Pinto e Armando Salem, entre outros. O jornal durou menos de um ano e perto do fim, já separado de Dilea, fui ao Rio cobrir a chegada do líder comunista Luís Carlos Prestes, que voltava graças à anistia.

Assisti à chegada do Velho com emoção, mas nem assim retornei a seu partido ou aos sucedâneos. A dura experiência de 1975 me fez desistir desse tipo de militância. Continuo achando que aquele era o caminho para enfrentar a ditadura e melhorar o país, mas creio que pequenos grupos, por melhores que sejam, jamais construirão o futuro. Ainda mais se sua sobrevivência depender da capacidade de resistir ao sofrimento ou de colocar seu sonho acima de outros valores, como amigos, família e, principalmente, de suas próprias fraquezas.

Pouco depois, fui contratado por *O Globo* e mudei para o Rio. Um ano mais tarde, deixei o jornal e comecei como repórter da TV Globo. O início foi complicado. Por pouco não desisti, incapaz de enfrentar uma câmera. Mas, com a prática e a ajuda de uma fonoaudióloga que foi a fada-madrinha de muitos profissionais hoje reconhecidos, Glorinha Beuttenmüller, acabei conquistando meu espaço na telinha. Da Globo, fui para a Abril Vídeo apresentar um telejornal diferenciado, o *São Paulo na TV*, junto a Silvia Poppovic, dirigido por Luiz Fernando Mercadante.

A experiência fez sucesso entre a crítica e ganhou vários prêmios, mas a Abril resolveu reduzir as despesas. Mercadante recusou a hipótese e propôs que a empresa acabasse com a divisão de entretenimento do projeto. A Abril não aceitou e Mercadante pediu demissão. De férias no litoral, fui chamado para assumir o posto. Recusei e, com outros colegas — a maior parte da equipe —, saí do projeto, por considerar que não tinha como continuar sem quem o comandara desde o início.

Em setembro de 1984, Fernando Pacheco Jordão, então superintendente de programação da TV Cultura, me ofereceu a chefia do departamento de jornalismo da emissora, vago desde maio, quando Ricardo Carvalho deixara a função. O programa de governo oposicionista de Franco Montoro incluía a proposta de Jordão para a emissora, mas seu nome tinha sido rejeitado pelo Conselho Curador da Fundação Padre Anchieta, por dezoito votos a treze, e ele só havia assumido depois de uma manobra de composição.

Conversamos sobre o que deveria ser o jornalismo da Cultura. A referência era óbvia, embora os tempos fossem outros — retomar os princípios que ele próprio tentara seguir no passado e o que Vlado também buscara em sua curta passagem. Meu nome foi aprovado pelo presidente do Conselho Curador, o ex-governador Roberto de Abreu Sodré. Mas, antes de ser contratado, eu deveria conversar com o presidente da Fundação, Renato Ferrari, um empresário mais ligado ao comércio de veículos que ao mundo da mídia ou da cultura. Produzi um texto sintetizando as ideias básicas do que deveria ser o telejornalismo da Cultura.

A conversa com o presidente da Fundação parecia ir bem, até que ele perguntou quem ia mandar no telejornalismo e quais as minhas relações com Jordão. Dei uma primeira resposta e Ferrari voltou à carga, mudando os termos da indagação. Minha resposta foi mais ou menos a seguinte:

> Presidente, respeito muito o Pacheco Jordão, mas eu sou uma pessoa e ele é outra. Não serei nenhum tipo de fantoche dele, mas é claro que sou um profissional que respeita a hierarquia e ele será meu chefe. Agora, se por acaso alguém imagina que vou ser um instrumento para a queda do Jordão, está enganado. O convite foi feito por ele e, ao menos por lealdade, eu não ajudaria a derrubá-lo.

Ferrari avisou a Jordão que meu nome fora vetado para assumir a direção do departamento. Eu poderia ser o editor-chefe, se quisesse. Recusei a alternativa, pois não queria arcar com a responsabilidade, sem os poderes correspondentes.

O presidente da Fundação fez mais: nomeou Luiz Fernando Mercadante como seu assessor especial para a programação de rádio e televisão, sem qualquer comunicação. Essa nomeação, um golpe branco contra Jordão, fora, na realidade, o motivo para aquela estranha conversa de Ferrari comigo. Jorge da Cunha Lima, na época secretário de Cultura do governo do Estado, lamentou a saída de Jordão, que havia pedido demissão, mas a história ficou por aí.

Três anos depois, como um dos entrevistadores, participei de um *Roda Viva* com o então superintendente regional da Polícia Federal, Romeu Tuma. Saudado como o homem da lei e da ordem, o xerife de São Paulo, Tuma merecera um elogioso perfil na *Veja São Paulo*, assinado pelo então mediador do programa, Augusto Nunes. A matéria apresentava Tuma como "um policial resistente à utilização de métodos violentos — e não só por motivos religiosos". O xerife afirmara para a revista:

> A tortura deve ser condenada pelas pessoas civilizadas por motivos éticos e morais. Mas, além disso, ela é ineficiente no trabalho policial, já que, ao chegar à Justiça, o criminoso vai alegar que foi torturado e colocar o processo sob suspeição. É preferível ter mais trabalho, investigar, conseguir provas. Contra provas, não há argumentos.

No *Roda Viva*, Tuma deu outra definição de tortura, com uma ponta de ironia:

— Porque se fala em tortura, vem de torto, tortura é alguma coisa que é torta, pelo menos é o que diz o dicionário.

Foi quando eu fiz uma espécie de parêntese na entrevista:

— Eu gostaria de dar um depoimento pessoal aqui [Tuma olha para o chão], que não atinge o senhor, enquanto pessoa, até porque depois que o Augusto Nunes fez seu perfil na *Veja São Paulo* não sou eu que vou colocar em dúvida aqui qualquer informação colocada lá. Mas é fato notório que fui preso em 1975, acusado de ser membro do Partido Comunista, fiquei no DOI-Codi, fui torturado, saí do DOI-Codi com uma declaração e fui levado ao Dops, onde fiquei quinze dias, e vários policiais, inclusive delegados, me interrogaram e a ordem era muito simples: se eu não confirmasse as declarações que eu tinha feito, sob tortura, no DOI-Codi, eu voltava para o DOI-Codi. Então, quando o senhor coloca que a questão era especificamente dos militares e, mais do que isso, que era uma guerra contra o terrorismo, não era exatamente isso...

— Mas você me interrompeu...

— Eu imagino que, nessa época, o senhor trabalhava no Dops.

— Eu não completei...

— Mas era o que eu queria saber, se o senhor não ficou sabendo que esse tipo de coisa aconteceu. Eu cito meu caso aqui, porque isso em televisão funciona, mas não é no sentido de me vangloriar disso, de modo algum me vanglorio disso.

— Claro. Isso deve te entristecer bastante.

— Diria que me incomoda.

— Eu acredito que sim. Nos incomoda, também. É muito triste ter que ouvir uma história dessas e eu me penitencio, porque não foi o mais correto.

— O senhor não ficou sabendo desse tipo de comportamento no Dops?

— Não, não. Era pressão psicológica.

— Sim, posterior.

— Eu tenho lido alguns livros... eu trabalhava na análise de documentos, não vou dizer que felizmente estava lá, porque não era diretor do Dops na época, quando fui diretor do Dops eu tirei os isolamentos que o Dops tinha na sua frente, tirei as barreiras, permiti a entrada da imprensa, mandei apurar casos de tortura que foram na minha época denunciados. Então não posso dizer que ignorei o que houve, porque se eu mandei apurar é porque eu soube que houve.

Dez anos mais tarde, depois de idas e vindas profissionais, o filho de Marco Antônio Tavares Coelho, com quem eu já trabalhara na TV Gazeta, me convidou para ser o apresentador do *Roda Viva*. Deixei a TV Globo para voltar à Cultura, onde o projeto que Jordão, Vlado e outros profissionais tentaram implementar parecia ter mais possibilidades de afinal vingar num país onde havia democracia e num estado governado por gente capaz de entender a diferença entre uma emissora do governo e uma TV pública. Pude trocar São Paulo por Florianópolis, já que o programa ia ao ar apenas uma vez por semana, e me mudei com minha mulher, Tatiana, e meus filhos mais novos, Pedro e João. Por dez anos apresentei o programa. Marcos Mendonça, o presidente seguinte, me colocou em sua direção. Tive autonomia e fizemos um bom trabalho. Bons tempos.

Na manhã de 13 de outubro de 2004, em pleno governo Lula, Rudolfo Lago, repórter do *Correio Braziliense*, perguntou se eu aceitaria receber pela internet algumas fotos. Explicou: empenhado em vasculhar a história da repressão à guerrilha do Araguaia, seu colega de jornal Eumano Silva resolvera examinar uma papelada arquivada de modo caótico na Comissão de Direitos Humanos da Câmara dos Deputados. Ali encontrara três fotos de um homem nu, que se parecia muito com Vladimir Herzog. As fotos tinham sido entregues em junho de 1997 à Comissão de Direitos Humanos da Câmara pelo cabo reformado José Alves Firmino, um ex-araponga que, em plena democracia, espionara o PT, o PCB, o PCdoB,[3] o MR-8 e a UNE. Descoberto, perdeu o emprego. Em seguida, contraiu hanseníase. Sentindo-se abandonado pelo Exército, converteu-se a uma seita evangélica, aposentou-se e entregou os papéis que possuía para a Câmara dos Deputados.

Eu estava no Rio, na casa de minha filha, brincando com minhas netas, e a conexão telefônica para a internet era lenta. Esperei quase uma hora diante da tela do computador. A primeira imagem me causou um calafrio. A figura se parecia muito com Vlado: a mesma calva, o corpo franzino e peludo, o relógio. Numa das fotos, havia uma mulher ao lado. Noutra, a pose demonstrava o sujeito absolutamente constrangido pela situação.

Apesar da semelhança espantosa, duvidei que fosse ele, pelas circunstâncias — a presença de uma mulher, o local em si, a possibilidade de um preso no DOI-Codi esconder o rosto de um fotógrafo, o que seria quase impossível nas circunstâncias. E recomendei que o repórter procurasse Clarice.

Ela reconheceu o marido numa das fotos. E o *Correio* publicou a matéria com estardalhaço. O que poderia ser apenas um furo jornalístico logo transformou-se numa crise política. O Centro de Comunicação do Exército reagiu com uma nota em que lembrava que o Brasil tinha enfrentado um "movimento subversivo, que, atuando a mando de conhecidos centros de irradiação do movimento comunista internacional, pretendia derrubar, pela força, o governo brasileiro legalmente *constituído*" diante do qual o Exército, obedecendo ao "clamor popular", se juntara às Forças Armadas, à Polícia Federal e às polícias militares e civis estaduais, para criar "uma força de pacificação, que logrou retornar o Brasil à normalidade". Essa inusitada definição para a repressão comandada em São Paulo pela Operação Bandeirantes, de triste memória, era apresentada, de acordo com a nota, como "uma legítima resposta à violência dos que recusaram o diálogo, optaram pelo radicalismo e pela ilegalidade e tomaram a iniciativa de pegar em armas e desencadear ações criminosas".

O texto se derramava em elogios ao movimento de 1964, que teria criado condições para a construção de um novo Brasil, em ambiente de paz e segurança — fortalecendo a economia, fomentando mecanismos de proteção e qualificação social.

Sobre as mortes ocorridas no combate à subversão, dizia o Exército: "Não há documentos históricos que as comprovem, tendo em vista que os registros operacionais e da atividade de inteligência da época foram destruídos em virtude de determinação legal". E, no fim das contas, concluía a nota, já que a anistia fora aprovada, seria "ação pequena reavivar revanchismos ou estimular discussões estéreis sobre conjunturas passadas, que a nada conduzem".

Escrita pelo general Antônio Gabriel Esper, chefe do Centro de Comunicação, a nota fora inspirada pelo chefe do Estado-Maior do Exército, general Antônio Apparicio Ignácio Domingues, considerado um verdadeiro dinossauro político. A reação foi enorme. Dentro do governo, o ministro da Defesa, José Viegas, chegou a pedir a cabeça do general, mas acabou caindo. O presidente Lula entrou em campo e o comandante do Exército retratou-se em outra nota oficial, mais adequada, lamentando a morte de Vlado, lembrando que ela fora uma das razões para a queda do general Ednardo, reiterando o compromisso do Exército com a democracia e condenando a nota anterior:

> Entendo que a forma pela qual esse assunto foi abordado não foi apropriada, e que somente a ausência de uma discussão interna mais profunda sobre o tema pôde fazer com que uma

nota do Centro de Comunicação Social do Exército não condizente com o momento histórico atual fosse publicada.

Para complicar ainda mais o panorama, as fotos não eram de Vlado, mas do padre canadense Leopoldo d'Astous, investigado por ligação com a oposição à ditadura na década de 1970 e que voltara para o Canadá. Um relatório secreto do SNI incluía fotos do padre sozinho ou em companhia da irmã Terezinha de Salles em uma chácara, no interior de Goiás, em 1974. Os dois teriam sido forçados inclusive a posar nus.

Já aposentado, dom Paulo Evaristo Arns exigiu a imediata abertura desses arquivos. Ao receber uma placa das mãos de Audálio Dantas, durante a entrega do prêmio de jornalismo e direitos humanos Vladimir Herzog, o cardeal emérito de São Paulo desabafou: "Estou aqui esta noite como alguém que carrega um peso no coração e quer ficar livre desse peso, mas não pode porque a morte do Vlado é como a morte do Cristo, é um novo período na história".

Os arquivos do SNI, mantidos a sete chaves pelo governo, tinham as três fotos publicadas pelo *Correio Braziliense* e outras 27 que o ministro Nilmário Miranda, da Secretaria Especial de Direitos Humanos, levou para Clarice examinar em seu escritório em São Paulo. Acompanhada por Fátima Jordão, durante quarenta minutos, constrangida, mas firme, ela examinou as fotos na sede de sua empresa de pesquisas de mercado. Finalmente, admitiu seu engano. E cobrou a abertura dos arquivos da ditadura:

— Os documentos precisam ser abertos. Essa história tem que ser esclarecida. Existem tantas famílias esperando por uma satisfação, passando por um sofrimento grande. Acho que o Vlado acabou ainda exercendo essa função positiva. Agora o governo está disposto a rever a divulgação dos documentos.

No dia seguinte, fui entregar ao presidente Lula um exemplar do livro que fizera sobre a trajetória dele e de Fernando Henrique Cardoso. Encontrei-o muito animado, adorando aquela história de governar o Brasil. Manifestei-lhe minhas dúvidas quanto àquelas fotos: se a sequência completa identificava o padre, por que só apareceram imagens capazes de criar confusão? Haveria alguém por trás dessa confusão, e com qual interesse? E, finalmente, por que o Exército divulgara aquela tal "resposta automática" que, evidentemente, provocaria tamanha reação?

Lula procurou me tranquilizar. Garantiu que resolveria de vez o caso dos arquivos da ditadura tão logo terminasse aquela tempestade em copo d'água. Explicou que trataria do caso em *petit comité* — expressão dele —, separando os documentos que envolvem segredos de Estado efetivos do lixo produzido pelos porões no tempo da ditadura. Os segredos efetivos seriam mantidos em sigilo; os outros papéis, encaminhados ao Ministério da Justiça, que daria um destino a eles, com a participação dos envolvidos, de suas famílias e até da Igreja.

O presidente estava convencido de que documentos mais comprometedores tinham sido destruídos. E citou um exemplo próximo: disse que, quando os metalúrgicos sabiam que se preparava uma intervenção no sindicato, queimavam tudo, até as atas de reuniões da diretoria. Finalmente, Lula me perguntou:

— Você acha que o Exército ia deixar para trás algo que pudesse complicar a vida deles, depois da solução negociada que foi a eleição de Tancredo Neves?

O presidente admitia que pudesse haver ainda papéis guardados em arquivos particulares, de ex-integrantes dos organismos de segurança da ditadura, e que algum dia seriam divulgados, para criar mais confusão. Mas estava certo de que nada podia fazer em relação a isso.

Em 2007, convidado pelo governador José Serra, tornei-me diretor-executivo da Fundação Padre Anchieta, responsável pela gestão da TV Cultura. Eleito pelo conselho curador com 38 votos, inclusive o do representante dos funcionários, eu disse ao tomar posse que não encarava a nova responsabilidade como aventura, mas carregava, "de algum modo, o sonho de Jordão, Vlado e tantos outros. Estou consciente e faço questão de registrar que não assumo esta instituição para refundá-la". Três anos depois, no final do mandato, diante do interesse do secretário de Cultura pelo cargo, deixei o posto. Recusei a oferta de tornar-me presidente do conselho curador e informei que retornava com alegria ao universo profissional a que sempre pertenci.

Em fevereiro de 2012, o repórter Lucas Ferraz, da *Folha de S.Paulo*, localizou em Los Angeles o fotógrafo Silvaldo Leung Vieira. Aluno do curso de fotografia da Polícia Civil de São Paulo, Silvaldo é o autor da imagem de Vlado pendurado pelo pescoço numa grade da cela do DOI-Codi. O fotógrafo tinha 22 anos na época. Para Lucas Ferraz, Silvaldo disse que tirou a foto da porta da cela e que não teve liberdade de se movimentar — estava tudo preparado para flagrar o suposto suicídio. Diante da repercussão do caso, ele se mudou para os Estados Unidos logo depois.

Aos poucos, as informações tornam-se mais acessíveis: há um portal que permite acessar o projeto Memórias Reveladas, onde estão os papéis do Conselho de Segurança Nacional, da Comissão Geral de Investigações e do Serviço Nacional de Informações, que tinham ficado sob custódia da Agência Brasileira de Inteligência (Abin). Em Belo Horizonte, o Memorial da Anistia (não inaugurado até o fechamento deste texto, em julho de 2015) reunirá os 64 mil processos recebidos pela Comissão de Anistia desde 2002, oferecendo assim a mesma história de um ponto de vista não oficial, a partir do olhar daqueles que no passado tiveram suas vozes caladas: os perseguidos políticos.

O Superior Tribunal Militar finalmente liberou o acesso aos documentos que integram milhares de processos contra os subversivos. E o acervo do projeto Brasil: Nunca Mais, desenvolvido pelo Conselho Mundial de Igrejas e pela Arquidiocese de São Paulo nos anos 1980, sob a coordenação do reverendo Jaime Wright e de dom Paulo Evaristo Arns, também está agora disponível na internet.

Mas boa parte dos documentos que poderiam identificar assassinos, torturadores e seus mandantes sumiu.[4] Foram destruídos, como imagina Lula, ou estão guardados com ex-integrantes dos organismos de repressão. Em 2007, numa casa abandonada no meio do canavial de uma fazenda em Jaborandi (SP), região de Ribeirão Preto, tida por cortadores de cana como mal-assombrada, foram encontradas 110 fichas de perseguidos políticos e um Manual de Subversão e Contrassubversão. A fazenda pertencia ao ex-delegado Tácito Pinheiro Machado, citado pelo projeto Brasil: Nunca Mais como repressor, e que, além de atuar em delegacias no interior paulista, dirigiu o Dops e foi chefe de gabinete da Secretaria de Segurança Pública.

Depois da morte do coronel reformado do Exército Júlio Miguel Molina Dias, assassinado no dia 1º de novembro de 2012, quando chegava à sua casa, em Porto Alegre, suas filhas entregaram à polícia documentos que permitiram desvendar o caso do deputado cassado Rubens Paiva, desaparecido em 1971, e o atentado ao Riocentro, durante a comemoração do Dia do Trabalhador, em 1981. Um ofício datado de 20 de janeiro de 1971 — dia do desaparecimento de Paiva —

continha uma relação de seus objetos pessoais — chaveiro, documentos de identificação, dinheiro, relógio e roupas. O relatório registrava a chegada de Paiva ao DOI-Codi do Rio naquele dia, trazido por uma equipe do Centro de Informações de Segurança da Aeronáutica (Cisa), desmontando assim definitivamente a farsa de que ele teria sido sequestrado por ex-companheiros — primeira versão impingida pelo regime para explicar sua morte.

Na pesquisa para este livro, o pesquisador Max Eluard encontrou, entre os papéis guardados no Arquivo do Estado, um documento que demonstra o que pode sair de lá. É parte do relatório sobre a reunião da chamada comunidade de informações realizada no dia 10 de setembro de 1975, quando Vlado e eu estávamos na Cultura e a campanha contra a emissora ainda engatinhava.

Nesses encontros, representantes dos diversos organismos envolvidos no combate à subversão trocavam informações e falavam sobre vários assuntos — registro da chegada de brasileiros suspeitos, movimentação de estudantes, trabalhadores, dirigentes sindicais, agitações no campo, suspeitas de corrupção etc. A reunião era secretariada e gerava um relatório.

Para destacar parte do texto guardado no Arquivo do Estado, vários parágrafos foram riscados com lápis azul. Os riscos desprezam um relato sobre os contatos mantidos pelo embaixador de Portugal com empresários, o registro da chegada de um brasileiro formado pela Universidade Patrice Lumumba de Moscou e informações sobre o encontro de estudantes de engenharia, ocorrido em Belo Horizonte, de autor não identificado. O tenente-coronel Barroso, do IV Comando Aéreo, relata o ressurgimento de ameaças de bombas contra a Vasp, que atribuía a uma disputa comercial. Um representante da Polícia Militar, não nominado, informa que a assembleia dos metalúrgicos de São Bernardo resolvera reclamar uma antecipação salarial de 15% e que, durante a reunião, a política econômica do governo fora duramente criticada — não há menção ao presidente do sindicato, que tomara posse em abril daquele ano e era conhecido como Lula.

Na página seguinte, novamente riscado de azul, segue o informe do delegado Romeu Tuma, acusando o padre Beozo (na verdade, o teólogo, historiador e padre paulista José Oscar Beozzo) de estar "promovendo ampla divulgação das reformas sociais preconizadas pelos progressistas" e alertando para a movimentação que buscava criar um Diretório Central dos Estudantes na USP.

Em seguida, o coronel Paes (José Barros Paes, chefe da 2ª seção do II Exército) aborda a repercussão da fala de dom Paulo no 7 de Setembro e informa a existência de um movimento extremista na Polícia Militar do Rio de Janeiro, que estaria pregando "a rebelião armada daquela força, bem como a derrubada do Exército". Vários panfletos pedindo o justiçamento de oficiais teriam sido apreendidos.

No pé da página 2, uma linha horizontal destaca o seguinte parágrafo, que avança pela página seguinte e é, por si só, explicativo:

> Dr. Tuma (SI/Dops) Que o canal 2, através de seu departamento de jornalismo, está fazendo uma campanha sistemática contra as instituições democráticas e esse fato (segue) foi notado após ter assumido a direção daquele departamento o jornalista Wladimir Herzog, elemento sabidamente comprometido.

Tuma devia obediência ao governador Paulo Egydio, que escondera um arquiteto perseguido pelos homens do DOI-Codi no Palácio, determinara que os policiais militares fos-

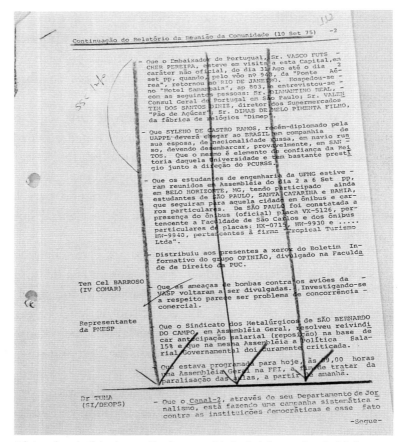

Página do relatório de reunião da comunidade de informações de 10 de setembro de 1975, com a intervenção do delegado Romeu Tuma em destaque. (Arquivo do Estado de São Paulo)

sem interrogados no quartel da PM e chorara como criança depois da morte de Vlado.

Mas, na tal "comunidade de informações", diante de seus pares, Romeu Tuma mostrou que a *performance* exibida anos mais tarde no *Roda Viva* era apenas teatro. O delegado deu respaldo oficial ao que parecia ser uma campanha restrita a duas colunas sem qualquer credibilidade — a de Cláudio Marques e a da *Última Hora*, apócrifa. Tuma morreu sem reconhecer sua participação nessa história.

Em junho de 2015, o juiz Ulisses Augusto Pascolati Júnior negou a José Maria Marin, o ex-deputado da Arena e ex-presidente da Confederação Brasileira de Futebol, a razão no processo em que este buscava uma retratação do jornalista Juca Kfouri, que em seu blog relembrara o discurso de Marin na Assembleia Legislativa de São Paulo, pouco antes da morte de Vlado, pedindo ao governo que tomasse providências contra a TV Cultura. No processo, Marin queria que Juca esclarecesse se acusara o ex-parlamentar e cartola de ter participado da tortura a Vlado ou se o acusava publicamente de apoiar tal barbárie. A defesa de Juca negou as imputações, mas reafirmou que Marin "ao longo de sua vida política, esteve do lado errado (pelo menos a partir de um olhar retrospectivo), pedindo 'providência' contra comunistas da TV Cultura, para a tranquilidade dos lares paulistanos, saudando as habilidades policiais do delegado Fleury etc.".

Em sua sentença, o juiz afirma que "é direito e até dever do jornalista retransmitir fatos históricos verdadeiros para que os leitores possam fazer o juízo de valor que bem entenderem". Marin deve ter recebido a notícia em sua cela na Suíça, onde está preso, acusado de corrupção na direção da Fifa.

São episódios pontuais, isolados. Tanto a Comissão Nacional da Verdade como as outras comissões que nasceram a partir dela, com o claro propósito de passar a história a limpo, chegaram a parcos resultados, é forçoso admitir, embora tenham identificado centros de tortura, desmontado versões fantasiosas de muitas mortes e estabelecido que havia uma cadeia de comando e que as mortes e a tortura não eram fruto da ação de malucos e insensatos.

Pelo menos três pessoas que participaram da estrutura repressiva do regime militar admitiram que torturaram ou viram outros agentes torturando presos: o coronel reformado do Exército Paulo Malhães (que também contou que as práticas eram de conhecimento dos altos escalões das Forças Armadas), o ex-major do Corpo de Bombeiros Valter da Costa Jacarandá e o ex-escrivão de polícia Manoel Aurélio Lopes.

Mas até o jurista Pedro Dallari, que presidiu a Comissão Nacional da Verdade, reconheceu que a destruição de arquivos secretos referentes ao período da ditadura dificultou muito as investigações.

Dallari afirma que não competia à Comissão determinar possíveis penalizações de pessoas envolvidas em algum tipo de violação dos direitos humanos. E, até o momento, nenhum militar foi punido por seus crimes. Uma tarefa muito prejudicada pela decisão tomada pelo Supremo Tribunal Federal, que em abril de 2010 validou a Lei da Anistia com sua extensão para os que sequestraram, torturaram e mataram a serviço do Estado brasileiro. Uma decisão aparentemente perfeita do ponto de vista jurídico, que não impediu, contudo, que no final daquele ano a Corte de Direitos Humanos da Organização dos Estados Americanos (OEA) julgasse e condenasse o Brasil no caso conhecido como "Guerrilha do Araguaia", em que sobreviventes da guerrilha, entre eles Amélia Telles e Crimeia Almeida, processavam o país, tentando obrigá-lo a reparar as vítimas da ditadura e revogar a Lei da Anistia.

Mas, de um jeito ou de outro, nossa geração continua por aí, carregando menos sonhos, mas seguindo adiante, com ou sem filhos e netos. Vlado é nome de rua, praça, escola, instituto. Faz parte da história do Brasil. Tivesse deixado de se apresentar no DOI-Codi naquele sábado, poderia estar com 78 anos neste outubro de 2015. Muito provavelmente, sonhando e lutando por um mundo melhor.

Agradecimentos

Este livro não existiria sem o auxílio das seguintes entidades e pessoas. Na Fundação Padre Anchieta, as equipes responsáveis pelo arquivo de texto, arquivo inativo e pelo Departamento de Recursos Humanos se desdobraram em busca de informações sobre o curto período em que Vlado comandou o Departamento de Jornalismo.

No Arquivo do Estado de São Paulo, que abriga os documentos do Dops, os funcionários muito auxiliaram na busca de informações sobre o episódio. O mesmo ocorreu na Biblioteca Municipal Mário de Andrade, onde encontramos a coleção dos jornais *Opinião* e *Aqui São Paulo* e da revista *Visão*.

De muita valia também foram os acervos do Sindicato dos Jornalistas Profissionais do Estado de São Paulo, da Unicamp, onde o Fundo PCB do Arquivo Edgard Leuenroth guarda a coleção do jornal *Voz Operária* e os arquivos dos jornais *Correio Braziliense*, *Folha de S.Paulo* e *O Estado de S. Paulo*.

Várias obras já publicadas, notadamente *A sangue quente: a morte do jornalista Vladimir Herzog* (Alfa Ômega, 1978), de

AGRADECIMENTOS

Hamilton Almeida Filho, Mylton Severiano, Narciso Kalili e a equipe do saudoso jornal *Ex*; *Dossiê Herzog: prisão, tortura e morte no Brasil* (Global Editoral, 1979), de Fernando Pacheco Jordão; *Vlado Herzog, o que faltava contar* (Vozes, 1986), de Trudi Landau; e *Vlado, retrato da morte de um homem e de uma época* (Brasiliense, 1985), coletânea de depoimentos que coordenei em 1985 para a editora Brasiliense, bem como os três volumes de Elio Gaspari sobre a ditadura. Mais recentemente, Audálio Dantas lançou uma obra sobre o tema, vencedora do prêmio Jabuti — e a ela também recorri.

Devo agradecimentos especiais a Vera Stefanov, ex-funcionária da TV Cultura e ex-presidente do Sindicato dos Bibliotecários; a Márcia Bongiovani e Claudia Piche, da equipe de jornalismo da TV Cultura.

O empenho de Max Eluard, responsável pela pesquisa deste livro, foi decisivo. Do mesmo modo, a disposição de amigos e companheiros que relembraram aqueles episódios: Clarice Herzog e Gunnar Carioba, Dilea Frate, Anthony de Christo, George Duque Estrada, Fátima Jordão, Fernando Faro, José Vidal Pola Galé, Luiz Weis, Marcelo Bairão, Marco Antônio Rocha, Rodolfo Konder, Rosa Lia Sirks, Sergio Gomes da Silva.

A equipe da editora Objetiva, que já muito contribuíra na primeira edição, repetiu o empenho neste segundo momento. Erros, omissões e enganos devem ser creditados exclusivamente ao autor.

Notas

PRÓLOGO [PP. 9-20]

1 TV Cultura. Emissora da Fundação Padre Anchieta. Centro Paulista de Rádio e TV Educativas. Entidade de direito privado, instituída pelo governo do estado de São Paulo em 1967, mantém duas emissoras de rádio e três emissoras de TV no sistema de multiprogramação digital. Custeada por um misto de dotações orçamentárias e recursos próprios obtidos junto à iniciativa privada, suas emissoras não são nem governamentais nem comerciais, mas públicas, e têm como objetivo "oferecer à sociedade brasileira uma informação de interesse público e promover o aprimoramento educativo e cultural de telespectadores e ouvintes, visando à transformação qualitativa da sociedade".

2 DOI-Codi. Sigla provavelmente idealizada para reforçar o caráter sinistro do Destacamento de Operações de Informações-Centro de Operações de Defesa Interna, órgão repressivo que sucedeu à Operação Bandeirantes. Tinha dois setores básicos, o de Análise e Interrogatórios e o de Operações e Capturas, além de serviços auxiliares, como datilografia, identificação, arquivo, cantina, enfermagem. O DOI-Codi de São Paulo utilizava uma delegacia distrital situada na rua Tutoia, com uma jurisdição muito pequena para dar cobertura às suas operações. Na parte de trás, em torno de um grande pátio, é que funcionava a má-

NOTAS

quina da repressão, cuja guarda cabia a soldados da Polícia do Exército e da Polícia Militar. Foi desativado em 1991. Em sua história, o DOI prendeu 2541 pessoas e enfrentou 876 denúncias de tortura catalogadas pela Cúria Metropolitana de São Paulo.

3 Dilea Frate. Paulistana, jornalista e escritora, era casada com o autor na época, trabalhava na Telesp e também militara no Partido Comunista.

4 O nome dele era Vlado Herzog. Foi abrasileirado para Vladimir quando ele se naturalizou. Nos órgãos de segurança, por alguma razão, utilizavam o W no lugar do V. Ao escrever aquele texto no DOI-Codi, devo ter lido em algum lugar seu nome com W e assim o grafei.

5 Arquivo do Estado. Criado em 1721 para guardar toda a documentação administrativa existente na província, é a instituição pública mais antiga de São Paulo. Sua função é recolher, tratar e disponibilizar ao público todo o material de caráter histórico produzido pelo Poder Executivo paulista. Com o fim da ditadura, recebeu todos os documentos arquivados no Deops.

6 *Visão*. Revista de economia e negócios editada pelo grupo norte-americano Vision Inc. Foi adquirida em 1965 por seu diretor de vendas, Said Farhat. A editora Visão foi pioneira em várias iniciativas, como o anuário *Quem é quem na economia brasileira*. Em 1974, Farhat vendeu a empresa para Henry Maksoud. A revista deixou de circular em 1993.

7 Rodolfo Konder. Na época, ele continuava trabalhando na *Visão*, embora seus colegas já tivessem deixado a revista. Mais tarde, foi presidente da seção brasileira da Anistia Internacional e secretário municipal de Cultura nos governos de Paulo Maluf e Celso Pitta. Foi diretor das Faculdades Metropolitanas Unidas e faleceu em 1º de maio de 2014.

8 Luiz Weis. Havia sido contratado como editor da *Veja*, depois de ter pedido demissão da TV Cultura. Atualmente, é articulista da página 2 do *Estadão*.

9 George Duque Estrada. Era editor de arte dos suplementos do *Estadão* na época. Hoje, exerce a mesma função na *Carta Capital*, dirigida por Mino Carta.

10 Marco Antônio Rocha. Era editorialista do *Jornal da Tarde*. Foi comentarista econômico na tv Cultura e na tv Globo. Hoje é editorialista do *Estadão*.

11 *Opinião*. Fundado em 1972, trazia a edição brasileira do *Le Monde Diplomatique* da França. Deixou de circular em 1977.

12 bbc – British Broadcasting Corporation. Fundada em 1926, começou como detentora do monopólio do rádio na Grã-Bretanha e era ouvida pela maior parte da população do país. Em janeiro de 1938 foram criados os serviços em línguas estrangeiras, começando pelo árabe. Hoje, o serviço mundial dispõe de 43 serviços de línguas.

13 *Doramundo*. Filme de 1978 dirigido por João Batista de Andrade e estrelado por Antônio Fagundes, Irene Ravache e Rolando Boldrin. Embora apareça como coautor do roteiro, Vlado não concluiu o trabalho.

14 *Folha de S.Paulo*. Jornal fundado em 1921 e adquirido na década de 1960 pelos empresários Octavio Frias de Oliveira e Carlos Caldeira Filho. Nos anos 1970, estava longe da liderança em termos de circulação e nem ao menos publicava editoriais, embora o jornalista Cláudio Abramo já estivesse iniciando a reforma que acabaria transformando-o num veículo influente.

15 O Departamento de Ordem Política e Social (Dops) foi o órgão do governo brasileiro criado durante o Estado Novo cujo objetivo era controlar e reprimir movimentos políticos e sociais contrários ao regime no poder. Subordinado aos governos estaduais, recebeu outras denominações, dependendo da época e do local, como Deops (Departamento Estadual de Ordem Política e Social) e Delops (Delegacia de Ordem Política e Social). O órgão em São Paulo foi fundado em 1924 e teve vários nomes (delegacia, superintendência), até ser extinto no início de 1983. O nome no período final era Deops – Departamento Estadual de Ordem Política e Social, sendo que é assim que consta em seus arquivos. Contudo, a sigla "Dops" é a que ficou na história.

16 Partido Comunista Brasileiro. Fundado em Niterói em 25 de março de 1922. Em 1927, passou um curto período na legalidade e elegeu um deputado. Organizou uma insurreição em 1935, rapidamente derrotada.

NOTAS

Com o fim da ditadura de Vargas, em 1945, voltou à legalidade, elegeu vários parlamentares e obteve 10% dos votos na eleição presidencial. Em abril de 1947, seu registro foi novamente cancelado. Em 1985, durante o governo Sarney, conquistou finalmente a legalidade. Em janeiro de 1992, dividiu-se em dois grupos. O mais numeroso, liderado por Roberto Freire, assumiu a denominação de Partido Popular Socialista.

17 Ernesto Beckmann Geisel (Bento Gonçalves, 3 de agosto de 1907 – Rio de Janeiro, 12 de setembro de 1996) foi o 29º presidente (4º no regime militar brasileiro), de 1974 a 1979. Estudou no Colégio Martinho Lutero de Estrela e no Colégio Militar de Porto Alegre, formando-se oficial na Escola Militar do Realengo. Ingressou na carreira política ao ser nomeado chefe da Casa Militar do governo do presidente Castelo Branco, em 1964.

18 João Baptista de Oliveira Figueiredo (Rio de Janeiro, 15 de janeiro de 1918 – Rio de Janeiro, 24 de dezembro de 1999) foi o 30º presidente, de 1979 a 1985. Filho do general Euclides Figueiredo, comandante da Revolução Constitucionalista de 1932, estudou no Colégio Militar de Porto Alegre, na Escola Militar do Realengo, na Escola de Comando e Estado-Maior do Exército e na Escola Superior de Guerra. Ingressou na carreira política ao ser nomeado secretário-geral do Conselho de Segurança Nacional do governo do presidente Jânio Quadros.

19 Golbery do Couto e Silva. Gaúcho da cidade do Rio Grande, nascido em 1911, cursou a Escola Militar do Realengo no Rio, onde se formou em 1930. Promovido a capitão em maio de 1937, passou a servir na secretaria geral do Conselho de Segurança Nacional e depois em Curitiba e Joinville. Em 1952 passou a trabalhar na Escola Superior de Guerra, onde ajudou a desenvolver a doutrina da segurança nacional. Conspirou em 1954, 1961 e 1964. Depois do golpe, criou e dirigiu o Serviço Nacional de Informações. Com Geisel, tornou-se chefe da Casa Civil da Presidência, de onde se exonerou em 1981, por acreditar na participação de militares comandados pela linha dura em um atentado no Riocentro, no Rio de Janeiro.

20 Tancredo de Almeida Neves (São João del-Rei, 4 de março de 1910 – São Paulo, 21 de abril de 1985). Formou-se em direito pela Faculdade de Direito e ingressou na política em 1935, como vereador. Perdeu o mandato com o Estado Novo. Em 1947, foi eleito deputado estadual

pelo Partido Social Democrático (PSD). Era ministro da Justiça quando Getúlio Vargas suicidou-se, em 1954. Depois de longa carreira como parlamentar, elegeu-se governador de Minas em 1982. Venceu Paulo Maluf no Colégio Eleitoral, pela Aliança Democrática. Internado um dia antes da posse, morreu sem assumir o cargo de presidente da República.

21 José Sarney (Pinheiro, 24 de abril de 1930) foi o 31º presidente do Brasil (1985-1990). Começou na política em 1954, pelo PSD, mas não se elegeu. Passou para a UDN e chegou à Câmara Federal. Entre 1966 e 1971 foi governador do Maranhão pela Arena, elegendo-se senador a seguir. No fim da campanha das Diretas, migrou para a Frente Liberal. Indicado para vice de Tancredo, cumpriu o mandato no lugar dele (estendido por mais um ano por decisão do Congresso), e voltou ao Senado, que presidiu por três vezes.

22 Fernando Affonso Collor de Mello (Rio de Janeiro, 12 de agosto de 1949). Prefeito de Maceió de 1979 a 1982, deputado federal de 1982 a 1986, governador de Alagoas de 1987 a 1989, 32º presidente do Brasil, de 1990 a 1992. Renunciou para escapar ao impeachment, cumpriu o período de resguardo e elegeu-se senador por Alagoas de 2007 até a atualidade.

23 Luiz Inácio Lula da Silva. Pernambucano de Caetés, nascido em 27 de outubro de 1945. Fez carreira como metalúrgico no ABC, antes de fundar o Partido dos Trabalhadores. Trigésimo quinto presidente, exerceu dois mandatos — de 1º de janeiro de 2003 a 1º de janeiro de 2011.

24 Hiran de Lima Pereira, Jayme Amorim de Miranda, Alberto Aleixo, Nestor Veras, Élson Costa, Pedro Jerônimo de Souza, José Montenegro de Lima, José Francisco de Almeida, José Maximino Andrade Neto, Vladimir Herzog. No início de 1976 morreu ainda Manoel Fiel Filho.

25 Em processos semelhantes, a chamada Operação Barriga Verde resultou em 26 absolvidos e dezesseis condenados no Paraná; na Bahia, catorze foram cumprir pena; no Rio, outros dezesseis.

26 Ivo Herzog, filho de Vlado. Nasceu em Londres, em agosto de 1966, e formou-se engenheiro naval pela Escola Politécnica da USP. É diretor-executivo do Instituto Vladimir Herzog.

27 Nemércio Nogueira. Jornalista e relações-públicas, trabalhou em jornais, revistas, rádio e televisão. Além dos três anos na BBC de Londres, foi produtor e apresentador do *Repórter Esso*, da TV Tupi. Criou o prêmio Opinião Pública, em 1980, concedido pelo Conselho Regional de Relações Públicas de São Paulo, e foi diretor de Assuntos Institucionais da Alcoa América Latina. Hoje trabalha no Instituto Vladimir Herzog.

28 Clarice Herzog. Publicitária, foi mulher de Vlado. Mora em São Paulo.

29 André Herzog, filho de Vlado. Nasceu em Londres, em abril de 1968, e formou-se em urbanismo. Trabalha no Banco Mundial e mora em Washington.

30 Audálio Dantas. Alagoano, nascido em 1929, iniciou a carreira como repórter da *Folha da Manhã* – hoje *Folha de S.Paulo* – em 1954. Passou pelas revistas *O Cruzeiro, Quatro Rodas, Realidade, Manchete* e *Nova*. Presidiu o Sindicato dos Jornalistas de 1975 a 1977. Em 2015, ganhou o prêmio Jabuti com o livro *As duas guerras de Vlado Herzog*.

31 Fátima Pacheco Jordão. Formada em ciências sociais pela USP, fez cursos de comunicação, política e televisão na London School of Economics. Durante muitos anos trabalhou como publicitária, em planejamento e pesquisa de mídia. Com Fernando Jordão, criou a empresa Fato, Pesquisa e Jornalismo, de comunicação, política e pesquisa. Socióloga e conselheira do Instituto Vladimir Herzog, casada com Fernando Pacheco Jordão.

32 Fernando Pacheco Jordão. Paulistano nascido em 1937, começou no jornalismo aos vinte anos, como redator e locutor dos noticiários das rádios Nacional, Excelsior e Cultura. Trabalhou também na Rádio Difusora, em *O Estado de S. Paulo* e nas TVs Excelsior, BBC, Cultura e Globo.

33 Gunnar Carioba. Publicitário, casado com Clarice Herzog.

34 Zuenir Ventura. Mineiro de Além Paraíba, nascido em 1931, formou-se em letras neolatinas na Faculdade Nacional de Filosofia, hoje UFRJ. Em 1957, começou como arquivista na *Tribuna da Imprensa*. Trabalhou no *Correio da Manhã, Diário Carioca, O Cruzeiro, Fatos e Fotos*,

Visão, Veja, IstoÉ, Jornal do Brasil, Época e *O Globo*, onde é colunista atualmente. Eleito para a Academia Brasileira de Letras em 30 de outubro de 2014.

35 *O Globo*. Jornal diário fundado em 29 de julho de 1925 e sediado no Rio de Janeiro. Funcionou como vespertino até 1962, quando se tornou matutino.

36 Jornal *Movimento*. Dissidência nascida do jornal *Opinião*, circulou entre 7 de julho de 1975 e 1981.

37 *Jornal do Brasil*. Fundado em 1891 por Rodolfo Dantas, circulou em papel até setembro de 2010. Atualmente, só possui a versão digital.

38 *Jornal da Tarde*. Circulou entre 4 de janeiro de 1966 e 31 de outubro de 2012. Inicialmente vespertino, passou a matutino em 1988. Pertencia ao Grupo Estado.

39 *Diário Popular*. Fundado em 1884 por José Maria Lisboa e Américo de Campos. Adquirido pelo grupo *O Globo*, transformou-se em *Diário de São Paulo* em 2001. Pertence hoje ao grupo Cereja Comunicação Digital.

40 *Gazeta Mercantil*. Fundado em 1920, foi o mais tradicional jornal de economia do Brasil, dirigido durante anos pela família Herbert Levy. Vendido ao empresário Nelson Tanure, teve sua última edição em 29 de maio de 2009.

41 *Folha da Tarde*. Circulou pela primeira vez em 22 de novembro de 1924. Vendido para o Grupo Folha. Circulou até 21 de março de 1999, quando passou a se chamar *Agora São Paulo*.

42 O hardware e o software do primeiro computador brasileiro, concebido como um trabalho de fim de curso e concluído em julho de 1972, foram integralmente desenvolvidos pela equipe do LSD. O computador possuía cerca de 450 circuitos integrados, distribuídos em 45 placas de circuito impresso. Sua memória podia armazenar o equivalente a 4 kbytes.

NOTAS

43 O Altair 8800 não tinha teclado. O programa tinha de ser inserido com interruptores localizados no painel frontal. Como não tinha saída de vídeo, o resultado das operações era apresentado por *leds*.

44 *Marimbás*, 1963. Único filme de Vlado Herzog. Resultado do curso de cinema ministrado pelo documentarista sueco Arne Sucksdorff, mostra a presença dos marimbás, intermediários entre a pesca e as sobras do produto, em oposição aos pescadores e aos banhistas da praia no Posto 6, em Copacabana.

45 João Batista de Andrade. Mineiro de Ituiutaba, nasceu em 1º de dezembro, 1939. Diretor e produtor de cinema e televisão, roteirista e escritor brasileiro. Atualmente, preside o Memorial da América Latina em São Paulo.

46 Ópera em três atos de John Adams, com libreto de Alice Goodman, inspirada na visita do presidente norte-americano Richard Nixon à China em 1972. Quando foi ao ar pela PBS, a TV pública americana, em 1987, o crítico de televisão Marvin Kitman disse, sem muita originalidade: "Só há três coisas erradas com essa ópera. Primeiro, o libreto; segundo, a música, e terceiro, a direção. O resto é perfeito". Mas, em 2011, o espetáculo foi reencenado no templo da ópera, o Metropolitan, com grande sucesso.

47 TV Tupi. Primeira emissora de televisão do Brasil e da América Latina, e a quarta do mundo. Fundada em 18 de setembro de 1950, em São Paulo, por Assis Chateaubriand, fez parte do Grupo Diários Associados. Em 16 de julho de 1980, por causa de vários problemas administrativos e financeiros, a concessão foi cassada pelo governo brasileiro.

48 Sistema Brasileiro de Televisão. Rede de televisão aberta brasileira fundada em 19 de agosto de 1981 por Silvio Santos, que já tinha desde 1976 a concessão do Canal 11 do Rio de Janeiro. Possui 114 emissoras, sendo oito emissoras próprias.

49 Rede Manchete. Rede de televisão brasileira fundada em 5 de junho de 1983 por Adolpho Bloch, permaneceu no ar até 10 de maio de 1999.

50 TV Brasil. Rede de televisão pública brasileira criada em 2007. Pertence à Empresa Brasil de Comunicação. Estreou sua programação no dia

2 de dezembro de 2007, quando se iniciaram as transmissões de TV digital no território brasileiro.

1. O PRIMEIRO ENCONTRO [PP. 21-28]

1 Otto Maria Carpeaux. Nascido em 1901, em Viena, na Áustria, já era autor de cinco livros quando migrou para o Brasil, onde trabalhou como camponês no Paraná. Depois do golpe de 1964, passou a criticar duramente o regime militar em seus artigos. Morreu em 1978, no Rio de Janeiro.

2 Trudi Landau. Em 1974, inspirada no cronista paulistano Lourenço Diaféria, começou a enviar cartas para os jornais e passou a colaborar no jornal *Notícias Populares*. Depois da morte de Vlado, publicou uma carta que provava que ele não fora enterrado no local reservado para os suicidas, ao contrário do que ocorrera com seu próprio filho, e assim aproximou-se de dona Zora. Escreveu o livro *Vlado: o que faltava contar*, relatando a infância do jornalista.

2. UM JOVEM HERZOG NO BRASIL [PP. 29-36]

1 Colégio Estadual Presidente Roosevelt. Atual Escola Estadual São Paulo, foi fundada em 1943, com o nome de Colégio do Estado da Capital. Dois anos mais tarde, mudou para Colégio Estadual Franklin Delano Roosevelt e em 1946 passou a se chamar Colégio Estadual Presidente Roosevelt. Ali estudaram, entre outros, o jornalista Perseu Abramo, o jurista Dalmo de Abreu Dallari, o cineasta Nelson Pereira dos Santos e a filósofa Marilena Chauí.

2 Alexandre Gambirasio. Trabalhou no *Estadão* e na *Folha*, onde, durante anos, ocupou o cargo de secretário de redação. Dali foi para a *Gazeta Mercantil*. Mais tarde, editou a *Revista da Indústria*, da Fiesp.

3 Perseu Abramo. Sobrinho de Cláudio Abramo, atuou no *Jornal de São Paulo*, *Folha Socialista*, *A Hora*, *O Estado de S. Paulo*, *Folha de S.Paulo*, *Movimento*, no *Jornal dos Trabalhadores* e no *Boletim Nacional do Par-*

NOTAS

tido dos Trabalhadores, entre outros. Um dos fundadores do PT, participou de sua direção durante dezesseis anos. Morreu em São Paulo, em 6 de março de 1996, aos 66 anos. O PT deu seu nome à fundação de estudos e memória do partido.

4 AI-5. Ato Institucional promulgado na sexta-feira, 13 de dezembro de 1968, conferia ao governo federal poderes ditatoriais – autorizava o presidente da República, em caráter excepcional e, portanto, sem apreciação judicial, a decretar o recesso do Congresso Nacional; intervir nos estados e municípios; cassar mandatos parlamentares; suspender, por dez anos, os direitos políticos de qualquer cidadão; decretar o confisco de bens considerados ilícitos e suspender a garantia do habeas corpus. No mesmo dia o Congresso foi colocado em recesso por tempo indeterminado — reabriria só em outubro de 1969, para referendar a escolha do general Emílio Garrastazu Médici para a Presidência da República. Logo após o AI-5 foram cassados onze deputados federais, entre eles Márcio Moreira Alves e Hermano Alves. A lista de cassações aumentou no mês de janeiro de 1969, atingindo não só parlamentares, mas também ministros do Supremo Tribunal Federal.

5 Fernando Pedreira. Nasceu no Rio de Janeiro em 1926. Concluiu a Faculdade Nacional de Direito, mas trabalhou como jornalista a partir de 1951. Na redação de *O Estado de S. Paulo* teve vários cargos de direção, antes de passar a publicar crônicas semanais nos principais periódicos do país. No governo Fernando Henrique Cardoso, representou o Brasil na Unesco, permanecendo vários anos em Paris. De regresso ao país, não retomou a colaboração na imprensa.

6 Cláudio Abramo. Nascido em 1923, numa família de trotskistas – seus irmãos Fúlvio e Lívio foram destacados militantes trotskistas –, integrou o Partido Socialista até 1950. Foi o mais jovem secretário de redação da imprensa brasileira e durante dez anos comandou *O Estado de S. Paulo*, fazendo uma grande reforma. Em 1963, foi para a *Folha*. Em 1985, chegou a lecionar na pós-graduação em jornalismo na Universidade de São Paulo, na condição de professor Notório Saber. Vítima de insuficiência cardíaca, morreu enquanto tomava seu café da manhã lendo sua própria coluna na *Folha* em casa, aos 64 anos, em 14 de agosto de 1987.

3. SARTRE, CINEMA, CLARICE [PP. 37-46]

1 João Baptista Vilanova Artigas. Curitibano, nascido em 1915, formou-se engenheiro civil pela USP e especializou-se em arquitetura. Autor do projeto da sede da Faculdade de Arquitetura e Urbanismo no novo campus da USP, em 1961, acabou influenciando o próprio programa do curso. Fundador do Departamento de São Paulo do IAB, participou de vários congressos da União Internacional de Arquitetos. Militante do PCB, foi cassado logo após o AI-5 com outros professores da USP. Em 1984, recuperou sua condição de professor titular. Morreu poucos meses depois.

2 Ação Popular. Organização católica formada em Belo Horizonte, em 1962, a partir de grupos de operários e estudantes ligados à Igreja católica: a Juventude Operária Católica (JOC) e a Juventude Estudantil Católica (JEC). Depois do golpe de 1964 e em razão da resistência de setores da Igreja à ação política de seus militantes, acabou se transformando na organização clandestina denominada Ação Popular Marxista-Leninista (APML).

3 Fernando Birri. Nasceu em 13 de março de 1925 em Santa Fé, Argentina. Poeta e integrante de um grupo que fazia espetáculos com marionetes, cursou o Centro Sperimentale di Cinematografia de Roma. Ao voltar para a Argentina, instalou a Escuela Documental de Santa Fé. Em 1986 criou a Escuela Internacional de Cine y TV, em San Antonio de los Baños, em Cuba, que dirigiu até 2001. Especializou-se em videoarte. Seu filme mais recente é *El Siglo de los Vientos*, baseado num texto de Eduardo Galeano.

4 Arne Sucksdorff. Fotógrafo, cineasta e naturalista sueco, nascido em 1917, autor das mais belas imagens da fauna e da flora pantaneiras. Ministrou um Curso de Cinema Documentário, no Rio de Janeiro, patrocinado pelo Itamaraty, em colaboração com a Unesco, e acabou se aproximando do Brasil. Ao morrer, em 2001, suas cinzas foram lançadas em Poconé, no Pantanal.

5 Fernando Barbosa Lima. Jornalista e produtor de TV carioca, dirigiu as TVs Excelsior, Manchete e Bandeirantes. Presidiu por duas vezes a TVE do Rio. Seu premiado *Jornal da Vanguarda* (Excelsior) contava, entre outros, com Millôr Fernandes, Borjalo e José Lewgoy. Criador

de programas memoráveis como *Abertura, Cara a Cara* e *Sem Censura*, produziu DVDs e documentários na FBL e comandou o canal da Universidade Estácio de Sá. Morreu em 5 de setembro de 2008.

6 João Baptista Lemos (1926-2009). Começou como repórter em 1946, em Belo Horizonte (MG), numa publicação do PCB chamada *Jornal do Povo*. Chefiou o Departamento de Jornalismo das rádios Difusora e Tupi. Dirigia o Departamento de Telejornalismo da TV Excelsior quando o golpe o levou ao exílio no Chile. Foi pauteiro e chefe de reportagem da *Folha*, chefe de redação das sucursais do *Jornal do Brasil* em São Paulo e Brasília. Aposentou-se como assessor de imprensa do CNPq (Conselho Nacional de Desenvolvimento Científico e Tecnológico), em Brasília.

4. A HORA DA NOTÍCIA [PP. 47-54]

1 O Movimento Brasileiro de Alfabetização (Mobral) foi criado pela lei nº 5379, de 15 de dezembro de 1967. Propunha a alfabetização funcional de jovens e adultos. Em 1975, acabou sendo alvo de uma CPI no Senado, que condenou seus métodos e resultados pífios. Dez anos depois, completamente desacreditado, foi extinto. Os dados da Pesquisa Nacional de Análise de Domicílios (Pnad) de 2012 indicaram um aumento na taxa de analfabetismo entre a população com 15 anos ou mais — subiu de 8,6% em 2011 para 8,7% (13 milhões de pessoas). Os analfabetos funcionais, que só conhecem letras e números, são 27 milhões.

2 Gabriel Romeiro. Foi diretor de jornalismo da TV Bandeirantes e presidente do Sindicato dos Jornalistas entre 1984 e 1987. Atualmente, é chefe de redação do programa *Globo Rural*, da TV Globo.

3 Anthony de Christo. Carioca, nascido em 1943. Em 1964 já era assessor de Assuntos Internacionais da UNE. Formou-se engenheiro químico em 1967. Integrou a primeira equipe da revista *Veja*. Em 1972, foi convidado por Fernando Pacheco Jordão para trabalhar na TV Cultura. Em 1974, fez parte da equipe que implantou a Assessoria de Comunicação Integrada da Cetesb. Hoje presta serviços de comunicação estratégica.

4 José Bonifácio Coutinho Nogueira (1923-2002) foi presidente da UNE em 1945, secretário de Agricultura em São Paulo na década de 1950 e candidato ao governo do estado em 1962. Foi fundador da TV Cultura, em 1969, e secretário de Educação e de Cultura no governo de Paulo Egydio Martins. Criou depois a EPTV, afiliada da TV Globo em Campinas, Ribeirão Preto, Franca e outras cidades paulistas.

5 Nídia Lícia, atriz e diretora, italiana, mulher do ator Sérgio Cardoso, com quem fundou o Teatro dos Doze, em 1949. Na TV Cultura, foi apresentadora e diretora da Divisão de Cultura.

6 Georges Bourdoukan. Nasceu em Miniara-Akkar, Líbano, em 1943. Trabalhou em diversos órgãos na mídia impressa, entre eles o jornal *Última Hora*. Em 1974 era chefe de reportagem da TV Cultura quando foi preso por levar ao ar uma matéria sobre um surto de meningite. Abandonou o jornalismo diário para se dedicar a reportagens mais extensas e à literatura, já tendo publicado quatro livros: *O peregrino, A incrível e fascinante história do Capitão Mouro, Vozes do deserto* e a peça *O apocalipse*. É cronista e colaborador da revista *Caros Amigos*.

7 Informações extraídas da entrevista de Mauro Malin com Fernando Jordão, publicada no site Observatório da Imprensa.

5. BANDO DE HERÓIS [PP. 55-64]

1 José Montenegro de Lima. Cearense nascido em 1948, tinha 27 anos quando foi preso por quatro agentes policiais, no dia 29 de setembro de 1975. Os órgãos de segurança negaram que ele tivesse sido preso, mas seu colega de apartamento, Genivaldo Medeiros da Silva, esteve com ele na prisão. Segundo o ex-integrante do DOI-Codi Marivaldo Chaves, Montenegro foi morto na Colina, com uma injeção normalmente utilizada para matar cavalos. Era um sujeito risonho e bem-humorado e costumava frequentar festas e bailes de carnaval.

2 Neuza Fiorda. Hoje Neuza Chacha, jornalista, dirigiu a TV Educativa de Mato Grosso do Sul. Vive em Campo Grande, Mato Grosso do Sul.

3 Ricardo Moraes. Trabalhou na *Gazeta Mercantil*. Foi assessor especial da presidência do BNDES e diretor da Banda da Rua do Mercado, for-

NOTAS

mada por operadores da Bolsa de Valores e jornalistas da *Gazeta Mercantil* em 1999, na Praça XV, Rio de Janeiro.

4 Marcelo Bairão. Paulistano nascido em 1950, jornalista, trabalhou na *Banas, Tendência, Jornal da Tarde, Exame,* Memorial da América Latina, Odebrecht, Fenabrave, Radiobrás. Trabalha na assessoria de comunicação do governo de São Paulo.

5 Em 1965, o Ato Institucional número 2 acabou com os partidos políticos existentes e permitiu somente a existência de duas associações políticas nacionais. Nenhuma delas podia usar a palavra "partido". Surgiram a Arena (Aliança Renovadora Nacional), de apoio ao regime, formada majoritariamente pela UDN, e o MDB (Movimento Democrático Brasileiro), que tinha como pressuposto ser oposição bem-comportada.

6 Carlos Marighella. Nasceu em Salvador, Bahia, em 1911. Estudou engenharia na Escola Politécnica da Bahia e tornou-se militante do Partido Comunista. Preso e torturado em 1932 e 1939, Marighella foi anistiado em abril de 1945 e elegeu-se deputado federal constituinte pelo PC da Bahia. Voltou à clandestinidade e depois do golpe de 1964 foi preso num cinema do bairro da Tijuca. Solto graças a um habeas corpus, voltou a militar no partido, de onde saiu, em 1966, para fundar a Ação Libertadora Nacional. Nos últimos tempos de clandestinidade, encontrou-se várias vezes com sua mulher, Clara Scharf, na casa de Clarice e Vlado — que ignoravam quem fosse o visitante eventual. Foi assassinado numa emboscada na alameda Casa Branca em São Paulo, no dia 4 de novembro de 1969.

7 Alberto Goldman. Elegeu-se deputado estadual pelo MDB em 1970. Assumiu sua ligação com o PCB depois que o partido conquistou a legalidade em 1985 e voltou ao PMDB dois anos mais tarde. Em 1997 ingressou no PSDB. Foi ministro dos Transportes no governo Itamar Franco e governador de São Paulo, concluindo o mandato de José Serra.

8 Cenimar – Centro de Informações da Marinha. Um dos principais órgãos de repressão durante a ditadura. Seus agentes eram especializados no PCB.

9 José Vidal Pola Galé. Paulista de Marília, nascido em 1952, trabalhou na *Gazeta Esportiva, Folha de S.Paulo, Oboré, Placar,* TV Globo, TV Re-

cord, Rede OM, TV Manchete, TV Bandeirantes, Rede TV, Produtora Argumento e TV Cultura. Atualmente trabalha na TV Brasil.

10 Libelu. Organização clandestina de base estudantil, criada pelos militantes da Organização Socialista Internacionalista (OSI), formada em 1976 a partir da fusão de dois grupos trotskistas. Segunda força do movimento estudantil na USP, ganhou as eleições para o Diretório Central dos Estudantes em 1978. Seus militantes, para ingressar na OSI, precisavam passar por um período de teste e frequentar os Grupos de Estudos Revolucionários.

11 *DCI – Diário do Comércio e Indústria*. Tradicional jornal de economia e negócios, voltado para as pequenas empresas. Hoje, o título pertence e é explorado pelo grupo de Orestes Quércia, que também comprou o espólio do *Shopping News*.

12 Augusto Nunes. Jornalista nascido em Taquaritinga, interior de São Paulo, trabalhou em *O Estado de S. Paulo*, *Veja*, Bank Boston, *Jornal do Brasil*, *Zero Hora*, *Época*, *Forbes Brasil*. Atualmente, é colunista do site da revista *Veja* e apresentador do *Roda Viva*.

13 Hamilton Octavio de Souza. Trabalhou em *O Estado de S. Paulo*, *Folha de S.Paulo*, *Movimento*, *Unidade* e *Jornal dos Trabalhadores*. Atualmente, é professor de jornalismo da PUC de São Paulo, editor da *Revista Sem Terra*, do MST, colunista do jornal *Brasil de Fato* e da revista *Caros Amigos*, e diretor da Associação dos Professores da PUC.

14 Ulysses Guimarães. Nascido em 1916 em Rio Claro, no interior de São Paulo, formou-se advogado pela Universidade de São Paulo, em 1940. Antes de ingressar na política, foi secretário da Federação Paulista de Futebol. Elegeu-se deputado estadual em 1947, pelo Partido Social Democrático. Três anos depois, passou a ser deputado federal. Teve onze mandatos na Câmara Federal. Presidiu o MDB e o PMDB e, em 1987, comandou a Assembleia Constituinte. Candidato à Presidência em 1989, teve votação pífia. Morreu em 12 de outubro de 1992, quando o helicóptero em que viajava com sua mulher, dona Mora, e Severo Gomes caiu no oceano.

15 Logo após o AI-5, em dezembro de 1968, Caetano Veloso e Gilberto Gil foram presos em São Paulo, sob o pretexto de terem desrespeitado o Hino Nacional e a bandeira brasileira. Levados para o quartel do

Exército de Marechal Deodoro, no Rio, tiveram suas cabeças raspadas. Na Quarta-feira de Cinzas, foram soltos e seguiram para Salvador, obrigados a um regime de confinamento, sem aparecer nem dar declarações em público. Partiram para Londres em julho, após dois shows de despedida no Teatro Castro Alves, que resultariam no disco *Barra 69 – Caetano e Gil ao vivo na Bahia*. Na mesma época, embora não tenha sido preso, Chico Buarque de Hollanda foi viver na Itália, num movimento de autoexílio. Morou em Roma por quinze meses. Participou de vários programas de TV, fez uma turnê em conjunto com Toquinho e a cantora norte-americana Josephine Baker e gravou o álbum *Chico Buarque de Hollanda na Itália*, além de um disco com Enio Morricone.

16 Glauber Rocha. Baiano de Vitória da Conquista, nascido em 1939, cursou até o terceiro ano da Faculdade de Direito em Salvador. Em 1957, filmou *Pátio*. No ano seguinte, inicia sua carreira de jornalista, como repórter de polícia do *Jornal da Bahia*. Sua premiada filmografia inclui *Barravento, Deus e o Diabo na terra do Sol, O Dragão da maldade contra o Santo Guerreiro, Terra em transe, O leão de sete cabeças, Cabeças cortadas, Claro, Di Cavalcanti, A idade da terra*. Em 1981, vai a Paris e dali para Portugal. Retorna ao Brasil já com a pericardite viral que o levaria à morte em 22 de agosto.

17 Paulo Egydio Martins. Nascido em São Paulo em 1928, estudou no Rio de Janeiro, onde foi presidente da União Metropolitana dos Estudantes. Em 1963, conspirou contra o governo de João Goulart. Em 1966, aos 37 anos, foi nomeado ministro da Indústria e Comércio de Castelo Branco. Depois de um período na iniciativa privada, foi eleito indiretamente governador de São Paulo, escolhido por Ernesto Geisel. Era apontado como provável candidato civil à Presidência, entre outros, pelo marechal Oswaldo Cordeiro de Farias.

18 Mino Carta. Italiano, chegou ao Brasil em 1946, aos doze anos, acompanhando o pai, jornalista, que aceitara convite do empresário Francisco Matarazzo para dirigir a *Folha de S.Paulo*. Foi correspondente do *Diário de Notícias* do Rio e da revista *Mundo Ilustrado* na Itália e, em 1959, o empresário Victor Civita o convidou para criar uma revista especializada em automóveis — *Quatro Rodas*. Trabalhou no *Estadão*, onde criou e dirigiu a edição de esportes, e, depois, no *Jornal da Tarde*.

Para Victor Civita, criou a revista *Veja*. Mais tarde, lançou *IstoÉ, Senhor, Jornal da República*. Hoje comanda a semanal *Carta Capital*.

19 Dom Paulo Evaristo Arns. Catarinense de Criciúma, nascido em 1921, ordenou-se sacerdote franciscano em 1945. Lecionou no seminário de Agudos e foi vigário de Petrópolis, antes de ser nomeado bispo auxiliar de São Paulo. Em 1970 tornou-se arcebispo e, três anos mais tarde, cardeal. Vendeu o palácio episcopal e com o dinheiro conseguiu sedes para dezenas de comunidades eclesiais de base espalhadas pela cidade. Criou a Comissão Justiça e Paz, que teve relevante papel na defesa dos direitos humanos durante a ditadura. Foi aposentado compulsoriamente em 1998 e nomeado cardeal emérito de São Paulo.

6. OPERAÇÃO RADAR [PP. 65-82]

1 Operação Bandeirantes. Criada em São Paulo, em 1969, obtinha recursos financeiros do empresariado. Não era formalmente vinculada ao II Exército, mas era composta por efetivos do Exército, Marinha, Aeronáutica, Polícia Política Estadual, Departamento de Polícia Federal, Polícia Civil, Força Pública e Guarda Civil. Foi o modelo que inspirou a criação, em escala nacional, do DOI-Codi. Um dos empresários que frequentavam a Oban e captavam recursos era o futuro juiz Nicolau dos Santos Neto, que trabalhava no Incra, em 1963, e depois do golpe aproximou-se do general Carlos Alberto da Fontoura, chefe do SNI. Lalau foi um dos que manipularam os fundos secretos da Oban. Talvez tenha sido aí que aprendeu a técnica mais tarde desenvolvida no escândalo do prédio da Justiça do Trabalho em São Paulo.

2 Marival Dias Chaves do Canto, ex-sargento do Exército, trabalhou no DOI-Codi e no Centro de Informações do Exército (CIE) durante a ditadura. Aposentou-se em 1985. Em novembro de 1992, deu uma entrevista para o repórter Expedito Filho, da revista *Veja*. Fez diversas acusações, admitiu torturas e mortes, mas negou ter delas participado, dizendo que seu trabalho era ler, analisar e produzir documentos, informes e relatórios. Em 2012, perante a Comissão Nacional da Verdade (CNV), repetiu com detalhes a versão e disse não ter dúvida de que o então major Carlos Alberto Brilhante Ustra era "senhor da vida e da morte", porque escolhia quais presos políticos deveriam viver ou morrer.

NOTAS

3 Armando Falcão. Cearense de Fortaleza, nascido em 1919, elegeu-se deputado federal em 1950, pelo Partido Social Democrático. No governo JK, foi líder e vice-líder do PSD na Câmara e reelegeu-se em 1958. Foi ministro da Justiça e das Relações Exteriores por curtos períodos. Com o golpe militar e o bipartidarismo, filiou-se ao partido do governo, a Arena. Estava no ostracismo quando o general Ernesto Geisel o nomeou para o Ministério da Justiça. Fez o projeto de reforma do Judiciário e ajudou a implantar o pacote de abril, que fechou o Congresso e aprovou várias leis. Censurou livros e peças teatrais, mas sancionou a nova Lei de Segurança Nacional, que pôs fim às penas de morte, à prisão perpétua e ao banimento, restabelecendo o habeas corpus. Morreu em 10 de fevereiro de 2010.

4 Silvio Frota. Natural do Rio de Janeiro, nasceu em 1910. Filho de militar, aos dezoito anos ingressou na Escola Militar do Realengo e a partir daí seguiu carreira no Exército. Em 1964, durante a preparação do golpe, chefiava o Estado-Maior de Divisão Blindada no Rio de Janeiro. Ocupou diversos cargos nos sucessivos governos militares até que, em 1974, com a morte do general Dale Coutinho, foi nomeado ministro do Exército do governo Geisel. Figurando como um dos expoentes máximos da linha dura do regime militar, ocupou a função de ministro até 1977, quando foi exonerado – o que sepultou as pretensões do então ministro de suceder ao presidente Geisel. Faleceu em outubro de 1996, aos 86 anos.

5 Marco Antônio Tavares Coelho. Mineiro de Belo Horizonte, nascido em 1926, numa família católica e de classe média, aos dezesseis anos ganhou o primeiro lugar em um famoso concurso de oratória da Faculdade de Direito da Universidade de Minas Gerais e acabou chamando a atenção de Darcy Ribeiro, que o convidou para ingressar no Partido Comunista Brasileiro. Em 1962, foi eleito deputado federal no Rio de Janeiro, com o apoio do PCB. Com o golpe de 1964, teve seus direitos políticos cassados e passou a atuar na clandestinidade. Preso e torturado em 1975, ficou na cadeia até ser libertado condicionalmente em dezembro de 1978. Trabalhou como editor-executivo da revista do Instituto de Estudos Avançados (IEA) da Universidade de São Paulo.

6 Análise – setor do DOI-Codi responsável pela avaliação e interpretação das informações obtidas sob tortura. Seus integrantes não agiam diretamente, mas orientavam os interrogatórios e, indiretamente, eram igualmente responsáveis pelos abusos e violências.

7 Paulo Duarte. Cronista, memorialista, ensaísta e tradutor, nasceu em São Paulo em 17 de novembro de 1899 e morreu em 1984. Diplomado em direito, foi professor, dirigiu diversos jornais e revistas, entre elas a lendária *Anhembi*, e fundou o Departamento Cultural da cidade de São Paulo.

8 Carlos Guilherme Mota. Sua tese de livre-docência defendida em junho de 1975 chegou a ser entregue a Vlado. Professor de História na Universidade Mackenzie.

9 Ruy Mesquita. Paulista de 1925, filho e neto dos proprietários do jornal *O Estado de S. Paulo*. Tinha sete anos em 1932 quando viu, pela primeira vez, seu pai ser preso e exilado. Dirigiu desde o lançamento o *Jornal da Tarde*. Foi diretor responsável do *Estadão*, onde cuidou da página de opinião. Morreu em 21 de maio de 2013.

10 Geisel não menciona qual coronel, mas provavelmente referia-se a Oscar Paiva, chefe do escritório do SNI e ligado ao ministro do Exército, Silvio Frota.

11 Harry Shibata. Um dos mais requisitados médicos-legistas do regime, assinou dezenas de laudos para encobrir as mortes sob tortura. De acordo com o também médico-legista Nelson Massini, da Universidade do Estado do Rio de Janeiro (Uerj), que dirigiu o Instituto Médico Legal nos anos 1970, Shibata era muito bom em anatomia e descrição. Notabilizou-se por produzir laudos completos e quase perfeitos, mas com as conclusões erradas – e perfeitamente adequadas às demandas do porão do regime. Foi assim com Carlos Marighella, Alexandre Vanucchi Leme, Sônia Maria Angel Jones (que depois de ser torturada teve os seios arrancados e foi violentada com um cassetete), Vladimir Herzog e Manoel Fiel Filho, entre outros.

12 Ednardo D'Ávila Melo. Nasceu em 1912, no Rio de Janeiro. Em 1964, coordenou as operações militares do golpe em João Pessoa, na Paraíba. Em 1974, tomou a frente do comando do II Exército em São Paulo, cargo que ocupou até janeiro de 1976, quando foi substituído pelo general Dilermando Gomes Monteiro. Recusou um cargo de chefia no Departamento de Ensino e Pesquisa do Exército, passando a partir daí para a reserva. Morreu em 16 de abril de 1984.

7. ROTAS DE OPINIÃO [PP. 83-90]

1 Fernando Gasparian. Nasceu em 1930 em São Paulo e se formou em engenharia civil. Desde os anos 1950 foi um dos únicos empresários a apoiar parlamentares de esquerda. Industrial, fazendeiro e editor, na década de 1970 foi responsável pela criação do semanário *Opinião*. Foi deputado constituinte em 1988 pelo PMDB, abrindo guerra contra o capital estrangeiro nas atividades de mineração e a favor do tabelamento dos juros anuais em 12%. Morreu em 7 de outubro de 2006.

2 Argemiro Ferreira. Mineiro, começou sua carreira em Belo Horizonte, aos 21 anos, como crítico de cinema. Passou pelos mais importantes veículos de comunicação do país, escreveu vários livros e foi correspondente da Globonews em Nova York.

3 Cebrap – Centro Brasileiro de Análise e Planejamento. Fundado em 1969 por um grupo de professores, alguns dos quais afastados das universidades pela ditadura militar. Instituição de pesquisa interdisciplinar sem fins lucrativos, dedicada à análise da realidade social brasileira e à participação no debate político e institucional.

4 Henry Maksoud. Sul-mato-grossense de Aquidauana, nascido em 1929, formou-se em engenharia civil no Mackenzie e obteve o grau de mestre em mecânica e hidráulica na Universidade de Yowa em 1954. Quatro anos mais tarde fundou a Hidroservice, empresa de consultoria e projeto que se tornou uma das maiores do mundo, responsável, entre outros, pelo aeroporto do Galeão, várias hidrelétricas e outras obras de porte no Brasil e no exterior. Morreu em 17 de abril de 2014.

5 Veraneio. Perua lançada no Brasil em 1964. Seu porta-malas podia acomodar uma terceira fileira de bancos, o que elevava a capacidade de transporte de passageiros para nove ocupantes. Saiu de linha em fins de 1989.

6 O Sindicato dos Jornalistas era controlado por uma diretoria anódina e disposta a servir ao regime desde 1965, quando os pelegos assumiram o controle da entidade com uma vitória por apenas um voto. No ano seguinte, diante da preparação de uma nova Lei de Imprensa pelo governo Castelo Branco, um grupo conseguiu convocar uma assembleia e criar uma Comissão de Liberdade de Imprensa, que chegou a realizar

um ato público com direito a apresentação do compositor Geraldo Vandré, autor de "Disparada", no dia 9 de janeiro de 1967, no Teatro Paramount. Mas a agitação não impediu que a Lei de Imprensa fosse votada pelo Congresso cada vez mais dócil.

8. TV VIETCULTURA [PP. 91-110]

1 O livro era *Doramundo*, publicado em 1956. Paranapiacaba é uma pequena vila ferroviária no alto da Serra do Mar, hoje pertencente a Santo André e tombada pelo patrimônio histórico.

2 Fernando Faro. Sergipano nascido em 1927, cursou até o terceiro ano de direito em São Paulo. Trabalhou no jornal *A Noite* e no *Jornal de São Paulo*, de onde foi para a Rádio Cultura. Em 1951, começou a dirigir programas na TV Paulista e mais tarde na Tupi. Como produtor musical, marcou a história da MPB. Na Cultura, criou e continua a dirigir o programa *Ensaio*.

3 José Mindlin. Paulistano nascido em 1914, foi contratado como repórter de *O Estado de S. Paulo* quando tinha quinze anos e cobriu a Revolução de 1930. Trocou o jornalismo pela faculdade de direito em 1932. Apaixonou-se pelos livros, tornando-se o mais importante bibliófilo do país. Fundou a Metal Leve, que acabou transformando num gigante da indústria de autopeças. Vendeu suas ações em 1996 e passou a dedicar-se aos livros. Doou sua grande biblioteca para a USP. Morreu em 28 de fevereiro de 2010.

4 Carlos Alberto Sardenberg. Jornalista, é âncora do programa de rádio *CBN Brasil*. Colunista do jornal *O Estado de S. Paulo*, do caderno de Economia, e colaborador da revista *Exame*. Em 35 anos de jornalismo, trabalhou como repórter, redator e editor nos jornais *O Estado de S. Paulo*, *Jornal do Brasil* e *Folha de S.Paulo*. Nas mesmas funções, trabalhou ainda nas revistas *Veja* e *IstoÉ*.

5 Miriam Inês Ibañez. Nascida na capital paulista em 1947. Jornalista formada pela Cásper Líbero/PUC, em 1968, foi colaboradora do *Correio da Manhã*, do semanário *Opinião*, entre outros veículos impressos. Em 1975 deixou o jornal *Folha de S.Paulo* para assumir o cargo de sub-

chefe de reportagem na TV Cultura, a convite de Vlado. Miriam ainda trabalhou como jornalista no *Estado de S. Paulo*, TV Bandeirantes, Rádio Globo, *Oboré*, nas revistas *Pequenas Empresas Grandes Negócios*, *Época*, *Carta Capital* e no *Valor Econômico*. Foi editora-chefe da revista *História Viva*, da Duetto Editorial.

6 Walter Sampaio. Jornalista nascido em 1931, faleceu em 2002. Autor do primeiro manual didático de telejornalismo editado no Brasil, *Jornalismo audiovisual*, começou como redator, em 1953, na Rádio Bandeirantes de São Paulo. Passou pelas emissoras Excelsior, Tupi, Difusora, Nacional e pelo *Shopping News*. Como representante do Sindicato dos Radialistas, participou da comissão que criou a Escola de Comunicações e Artes da USP, onde se formou e depois foi professor. Assumiu o departamento de jornalismo da Cultura no lugar de Fernando Pacheco Jordão.

7 D'Alambert Jacoud. Jornalista e advogado, trabalhou na sucursal da *Visão* e do *Jornal do Brasil*. Foi secretário de Cultura do Distrito Federal na gestão de José Aparecido de Oliveira.

9. A CAÇADA [PP. 111-138]

1 João Guilherme Vargas Neto. Mineiro, nascido na cidade de Tombos, em 1942. Após o golpe de 1964 foi expulso da Faculdade Nacional de Filosofia do Rio de Janeiro, onde cursava matemática. A partir daí passou a viver na clandestinidade. Em 1975 atuava como dirigente do comitê estadual do PCB. Teve oportunidade de se formar em tecnologia e informática na França, em 1978. Hoje presta assessoria sindical a entidades de trabalhadores.

2 Emilio Bonfante Demaria. Catarinense de Florianópolis, nascido em 1923, era capitão da Marinha Mercante. Atuou nos comboios da Segunda Guerra Mundial. Comandou uma greve em 1953 e fundou o Pacto de Unidade e Ação (PUA) dos marítimos, portuários, estivadores e ferroviários. Preso em 1964, exilou-se na União Soviética de 1969 a 1971. Em 1975, integrava o comitê estadual do PCB em São Paulo quando foi preso e condenado a mais quatro anos de prisão, sendo anistiado em 1978. Morreu em 1999.

3 Antonio Bernardino dos Santos. Nascido em Água Preta, Pernambuco, em 1903, era estivador aposentado e primeiro-secretário do comitê estadual do PCB quando foi preso, em 1975. Cumpriu pena e ao ser libertado abriu uma banca de jornais em São Paulo, onde trabalhou até falecer.

4 Waldir José de Quadros. Economista formado pela Faculdade de Economia, Administração e Contabilidade da Universidade de São Paulo (FEA/USP), mestre e doutor em economia pela Universidade Estadual de Campinas (Unicamp). Atualmente é diretor do Instituto de Economia da Unicamp.

5 José Maria Marin. Filho de uma família pobre de imigrantes espanhóis, não conseguiu sucesso no futebol profissional e foi estudar direito. Começou a carreira política durante a ditadura, na Arena, partido do governo. Em 1982, assumiu o governo paulista quando Paulo Maluf, de quem era vice, afastou-se para disputar uma vaga na Câmara dos Deputados. Em 2012, na esteira da renúncia de Ricardo Teixeira, acusado de corrupção, chegou ao comando da Confederação Brasileira de Futebol, por ser o mais idoso entre os vice-presidentes da entidade, e assim tornou-se o diretor do comitê organizador da Copa do Mundo. Em maio de 2015 foi preso de surpresa num luxuoso hotel da Suíça, acusado de desvios e corrupção. No fechamento desta edição, seguia detido em Zurique.

6 José Salvador Faro. Paulistano nascido em 1947, formou-se em história. Atualmente é professor de História Contemporânea da Universidade Metodista (Umesp) e de Sistemas de Comunicação da PUC-SP, e presidente da Comissão de Especialistas no Ensino de Comunicação (CEE/COM).

7 Frederico Pessoa. Ingressou na militância através do movimento estudantil, depois do golpe. Em 1973 chegou a São Paulo para integrar o comitê estadual do Partido Comunista. Quando foi preso, em outubro de 1975, trabalhava como assessor de relações públicas na empresa CVA. Foi condenado a dois anos e meio de prisão, pena que cumpriu até janeiro de 1977, quando saiu em liberdade condicional. De lá para cá atuou em diversas revistas e jornais, sempre ligado à área de economia. Presta assessoria sindical.

8 Psicodrama. Técnica terapêutica criada por Jacob Levy Moreno, um vienense de origem judaica que estudou medicina em Viena e conheceu Freud. Em 1912, Moreno fundou o Teatro Vienense da Espontaneidade, onde começou a formar suas ideias da psicoterapia de grupo e do psicodrama. Já nos Estados Unidos, introduziu a psicoterapia de grupo em 1936. Vlado era cliente do psiquiatra Uzeda Moreira, com quem fazia sessões grupais de psicodrama.

11. UM TÁXI PARA O DOI-CODI [PP. 151-168]

1 José Roberto Guzzo. Ex-diretor de redação das revistas *Veja* e *Exame*, atualmente é membro do conselho editorial da editora Abril.

2 Pedro Mira Grancieri. Conhecido como capitão Ramiro, era funcionário do Deops, emprestado para o DOI-Codi. Depois de se aposentar, deu entrevista para a revista *IstoÉ* na qual se apresentou como um especialista em interrogatórios e admitiu ter sido o único a interrogar Vlado. Mas negou que o tivesse torturado e matado.

3 O Comando Vermelho Rogério Lemgruber, mais conhecido como Comando Vermelho (CV e CVRL), uma das maiores organizações criminosas do Brasil, surgiu em 1979 na prisão Cândido Mendes, na Ilha Grande, Angra dos Reis, Rio de Janeiro, a partir da convivência entre presos comuns e presos políticos.

12. NAZISTAS VERMELHOS [PP. 169-182]

1 Jornal *Bondinho*. Publicação criada por Sergio de Souza, Narciso Kalili e Eduardo Barreto, jornalistas que, ao deixarem a equipe da revista *Realidade,* haviam tentado criar outra publicação, chamada *Ideia Nova*, que foi censurada. Foi quando eles fundaram a agência de prestação de serviço *House-organ*, que logo se transformou em uma editora responsável por grandes publicações no cenário alternativo – entre elas *Bondinho*, feito especialmente para a rede de supermercados Pão de Açúcar.

13. SEGREDOS ETERNOS [PP. 183-200]

1 Boris Casoy. Estudou direito na Universidade Mackenzie. Começou no rádio em 1956, aos quinze anos, como locutor de esportes. Foi editor de política e da seção Painel da *Folha de S.Paulo*. Substituiu Cláudio Abramo, quando os militares prenderam e processaram o cronista Lourenço Diaféria por causa de uma coluna que supostamente criticava o duque de Caxias – ou sua estátua. Foi apresentador do *Jornal do SBT* e hoje trabalha na TV Bandeirantes.

2 Ruy Lopes. Jornalista, trabalhava na *Folha de S.Paulo* desde a década de 1950. Dirigiu a sucursal de Brasília e depois a redação em São Paulo. Foi assessor do senador Severo Gomes.

3 Partido Comunista do Brasil era o nome da primeira organização, fundada em 1922. Em 1947, quando o Tribunal Superior Eleitoral considerou que ele era uma espécie de "sucursal" de uma organização internacional, o nome foi mudado para Partido Comunista Brasileiro. Em 1962, um grupo de cem militantes deixou a organização e recuperou o nome, com a sigla PCdoB.

4 Em março de 2015, a família de Vlado doou seu acervo, com documentos, fotos, matérias publicadas e até cartas pessoais, ao Centro de Documentação e Memória (Cedem) da Universidade Estadual Paulista (Unesp).

Referências bibliográficas

Sobre Vladimir Herzog:

ALMEIDA FILHO, Hamilton. *A sangue quente: a morte do jornalista Vladimir Herzog*. São Paulo: Alfa Ômega, 1978.
DANTAS, Audálio. *As duas guerras de Vlado Herzog: da perseguição nazista à morte sob tortura no Brasil*. Rio de Janeiro: Civilização Brasileira, 2012.
JORDÃO, Fernando. *Dossiê Herzog: prisão, tortura e morte no Brasil*. 6ª ed. São Paulo: Global Editora, 2005.
LANDAU, Trudi. *Vlado Herzog, o que faltava contar*. Petrópolis: Vozes, 1986.
MARKUN, Paulo (Org.). *Vlado: retrato da morte de um homem e de uma época*. São Paulo: Brasiliense, 1985.

Sobre diálogos entre Ernesto Geisel e seus auxiliares e documentos do governo sobre a Operação Radar:

GASPARI, Elio. *A ditadura derrotada*. São Paulo: Companhia das Letras, 2003.
_____. *A ditadura encurralada*. São Paulo: Companhia das Letras, 2004.

REFERÊNCIAS BIBLIOGRÁFICAS

Sobre PCB, tortura, DOI-Codi, desaparecidos:

COELHO, Marco Antônio Tavares. *Herança de um sonho: as memórias de um comunista*. Rio de Janeiro: Record, 2000.
GODOY, Marcelo. *A casa da vovó*. São Paulo: Alameda, 2015.
MIRANDA, Nilmário; TIBÚRCIO, Carlos. *Dos filhos deste solo – mortos e desaparecidos políticos durante a ditadura militar: a responsabilidade do Estado*. São Paulo: Boitempo Editorial; Fundação Perseu Abramo, 1999.
Documentos do Deops. Arquivo do Estado.

Também foram utilizadas coleções dos seguintes veículos:

Jornais: *Correio Braziliense, Folha de S.Paulo, Opinião, Jornal do Brasil, Jornal da Tarde, O Estado de S. Paulo, O Globo, Unidade*.
Revistas: *IstoÉ, Época, Veja, Visão*.
Telejornal: *Hora da Notícia*, da TV Cultura.

Entrevistas e depoimentos ao autor:

Alexandre Gambirasio, Anthony de Christo, Argemiro Ferreira, Audálio Dantas, Clarice Herzog, Dilea Frate, dom Paulo Evaristo Arns, Eumano Silva, Fernando Faro, Fernando Gasparian, Frederico Pessoa da Silva, George Bourdokan, George Duque Estrada, João Baptista Lemos, José Mindlin, José Nêumanne, Luiz Inácio Lula da Silva, Luiz Weis, Marco Antônio Rocha, Marcelo Bairão, Mylton Severiano de Souza, Mino Carta, Miriam Ibañez, Nemércio Nogueira, Nilmário Miranda, Paulo Egydio Martins, Rodolfo Konder, Rudolfo Lago, Sergio Gomes da Silva, Zuenir Ventura.

ESTA OBRA FOI COMPOSTA PELA ABREU'S SYSTEM EM ADOBE GARAMOND
E IMPRESSA EM OFSETE PELA GEOGRÁFICA SOBRE PAPEL PÓLEN SOFT DA
SUZANO PAPEL E CELULOSE PARA A EDITORA OBJETIVA EM OUTUBRO DE 2015